Erschließe aus dem K

Lehren, Lernen, Trainieren

Von Gerhard Röhr

Langenscheidt

Berlin · München · Wien · Zürich · New York

Fremdsprachenunterricht in Theorie und Praxis
Allgemeiner Herausgeber: Prof. Dr. G. Neuner

Redaktion: Helga Richter

Auflage: 5.   4.   3.   2.   1.
Jahr: 97   96   95   94   93

© 1993 Langenscheidt KG, Berlin und München
Druck: Druckhaus Langenscheidt, Berlin
Printed in Germany · ISBN 3-468-49 448-3

Mit dem vorliegenden Band wird in der Reihe „Fremdsprachenunterricht in Theorie und Praxis" eine weitere Forschungsarbeit vorgestellt, die am Herder-Institut Leipzig entstanden ist. Auch dieses Manuskript setzt bei aller Gründlichkeit in der theoretischen Fundierung seinen Schwerpunkt in der Unterrichtspraxis.

Das Thema, das das vorliegende Buch aufgreift, bezeichnet einen wichtigen Aspekt im Konzept der „Interkulturellen" Didaktik und Methodik des fremdsprachlichen Deutschunterrichts, der es insbesondere um Lernorientierung, Verstehensorientierung und Inhaltsorientierung geht.

Den Lehrenden und Lernenden, die dieses Buch zur Hand nehmen, sei empfohlen: lassen Sie sich von dem skizzierten „Trainingsprogramm" Schritt für Schritt führen, haben Sie Geduld, und gehen Sie auf die Beispiele und Übungen ein, Sie werden für Ihre Mühe reichlich belohnt!

Gerhard Neuner

Inhalt

Vorwort

Das Handbuch ist vor allem für Fremdsprachenlehrer gedacht, die in ihrem Unterricht der Bedeutungserschließung aus dem sprachlichen Kontext mehr Aufmerksamkeit widmen wollen.

Rein theoretische Darstellungen stehen nicht im Vordergrund, sie sind nur in geringem Umfang eingefügt, um dem interessierten Leser das notwendige Hintergrundwissen nahezubringen und ihn zu weiterem Literaturstudium anzuregen. Das bedeutet, daß die theoretischen Probleme nicht umfassend und tiefgründig beschrieben, sondern oft nur angedeutet werden konnten. Wo sich spezielle Begriffe und Bezeichnungen oder Termini nicht vermeiden ließen, haben wir versucht, diese in einfacher, verständlicher Form zu erläutern.

Mehr Platz ist hingegen der Darstellung der Konzeption für das Lehren, Lernen und Trainieren des Erschließens aus dem Kontext eingeräumt, wobei versucht wurde, stets direkte Berührungspunkte zur Praxis aufzuzeigen.

Die ausführliche Beschreibung und Kommentierung eines kompletten Trainingsprogramms sowie zahlreiche weitere Beispiele, Übungen und Übungsideen gestatten dem Lehrer, viele dieser Übungsformen – im Sinne eines Handbuches – ohne unvertretbar großen Aufwand in seinen eigenen Unterricht zu übernehmen.

Es folgen konkrete Hinweise, die den Lehrer anregen und ermutigen, selbst weiterführende Varianten zu erarbeiten, auszuprobieren und zu bewerten, in gewissem Sinn selbst ‚weiterzuforschen‘.

Kleine Übungen für den Leser selbst sollen ihm die Problematik vertrauter machen, Leseinteresse und Lesespaß erhöhen und die Bereitschaft zur Übertragung in seinen Unterricht vergrößern. Ein Schlüssel zu diesen Übungen ermöglicht eine Einschätzung der eigenen Antworten.

1. Vorbemerkungen

Selbst der erfahrene Fremdsprachenlehrer sieht sich in seinem Unterricht immer wieder mit bestimmten ‚Phänomenen' konfrontiert, d. h. mit Schwierigkeiten der Lernenden, die trotz all seiner Bemühungen bei bestimmten Sprachhandlungen stets erneut auftreten. Zu diesen ‚Erscheinungen' gehört zweifellos auch das Erschließen der Bedeutung unbekannter lexikalischer Einheiten aus dem sprachlichen Kontext.[1]) Lesetexte mit neuen, unbekannten lexikalischen Einheiten gehören ebenso selbstverständlich zum Fremdsprachenunterricht wie die Arbeit mit Wörterbüchern oder Glossaren. Doch wohl jeder Lehrer erlebt immer wieder, daß der Lernende bei einem ihm unbekannten Wort zwar gerade noch Analogien zur Mutter- (oder Mittler-)sprache zu Rate zieht oder Wortbildungsregularitäten anwendet, die im Unterricht meist hinreichend geübt werden bzw. sich dem Lerner geradezu aufdrängen, daß er aber ratlos ist, sobald diese Erschließungsmöglichkeiten versagen, und er dann allzu schnell zum Wörterbuch greift bzw. den Lehrer nach der Bedeutung dieses Wortes fragt. Ein Versuch, die Bedeutung des unbekannten Wortes b e w u ß t aus dem Kontext zu erschließen, erfolgt wohl nur in den seltensten Fällen.

Das beobachtet man selbst dort, wo das neue Wort durch Verben wie ‚heißt', ‚nennt man', ‚bezeichnet man als', ‚ist' usw. geradezu erklärt ist. Wir möchten das an einem authentischen Beispiel demonstrieren:

(1) In einem Prüfungstext aus dem Fachgebiet Biologie[2]) heißt es an einer Stelle
Die tiefen Stellen der inneren Membran nennt man Cristae.
Verbunden mit einer Skizze und unter der Voraussetzung der Kenntnis aller anderen Wörter des Satzes und des allgemeinen Sachverhaltes hätte es nicht schwierig sein dürfen, die Bedeutung des unbekannten Wortes C r i s t a e zu erfassen. Dennoch stand die Mehrzahl der Studierenden diesem Wort, das im Wörterbuch nicht zu finden war, völlig ratlos gegenüber.

Weitaus zahlreicher sind die Fälle, wo das Wort nicht d i r e k t erklärt wird – wie im obigen Beispiel mit Hilfe des Verbs ‚nennt man' – sondern wo man den Kontext erst d u r c h d e n k e n muß wie im folgenden Beispiel (2):

(2) *Mit dem Lineal zeichnet er eine Gerade von zwölf Zentimetern Länge und mit dem Zirkel einen Kreis mit einem Radius von vier Zentimetern.*
Sind alle Wörter des Satzes mit Ausnahme des Wortes Z i r k e l bekannt, so könnte man wohl auch die Bedeutung dieses neuen Wortes mit relativ großer Sicherheit aus dem Kontext finden.

---

[1] Wir wollen im folgenden kurz vom ‚kontextuellen Erschließen' sprechen, eine genauere Begriffsbestimmung folgt später.

[2] Dieses Beispiel – wie auch die meisten der folgenden Beispiele – bezieht sich auf den Unterricht bei ausländischen Studierenden, die sich sprachlich auf ein Studium vorbereiten wollen.

Fügen wir noch ein drittes Beispiel an, in dem wir das dem Lerner unbekannte Wort hier einmal durch ‚X' ersetzt haben:

(3) *Peter hat seinen Mantel angezogen. Jetzt will er ihn zumachen. Der Mantel hat fünf X, aber ein X fehlt. Peter hat ihn verloren.*[3])

Sicher haben Sie die Bedeutung des Wortes ‚X' problemlos richtig erschlossen[4]), und so wird es wohl bei jedem Muttersprachler sein. Ein ausländischer Deutschlernender – selbst bei entsprechendem Sprachniveau – wird hier oft nicht weiterkommen, weil er den Kontext als Erschließungsmöglichkeit gar nicht erkennt und ihn daher auch nicht nutzen kann.

In diesem Zusammenhang drängt sich natürlich die Frage auf, wieso es dem Muttersprachler so leicht fällt, die Bedeutung zu erkennen, dem ausländischen Deutschlernenden aber solche Mühe bereitet.

Den Muttersprachler betreffend, neigt man zunächst zu einer schnellen Antwort, etwa in der Form „Das ist doch klar, was X bedeutet; das erkennt man doch sofort". Und erst nach einigem Nachdenken ergänzt man vielleicht Erklärungsversuche der Form „ … weil im allgemeinen nur Knöpfe fünfmal am Mantel vorhanden sind und verloren werden können …" oder so ähnlich.

Wesentlich schwieriger erscheint die Antwort darauf, warum es dem Deutschlerner eben ‚nicht klar ist', warum er die Bedeutung nicht wie der Muttersprachler so ‚einfach erkennt'. Im Kapitel 4 sind dazu einige Deutungsversuche kurz umrissen.

Wir wollen uns aber vor allem mit der Frage beschäftigen, wie man den deutschlernenden Ausländer befähigen kann, diese Hürde beim kontextuellen Erschließen zu bewältigen. Die Antwort auf diese Frage wird im Mittelpunkt dieses Büchleins stehen und in ihrem Inhalt auf alle Fremdsprachenlerner zutreffen. D. h., wir wollen aufzeigen, wie man das kontextuelle Erschließen in einer Fremdsprache allgemein lehren, lernen und trainieren kann.

Hierbei sollen Fragen der unmittelbaren praktischen Unterrichtsarbeit im Vordergrund stehen; theoretischen Grundlagen soll nur in dem Maße nachgespürt werden, wie sie als Hintergrundwissen erforderlich sind. Damit wollen wir uns wesentlich von vielen anderen theoretischen Darstellungen unterscheiden, die wichtige Probleme zwar mit Wissenschaftlichkeit, Gründlichkeit und hoher Sachkompetenz beschreiben, die Frage der Umsetzung in die unmittelbare Unterrichtsarbeit jedoch oft gar nicht erreichen bzw. nur zu allgemein streifen.

Unsere Bemühungen gehen also dahin, im Zusammenhang mit der Frage des kontextuellen Erschließens ein ‚lehrerfreundliches' Material vorzulegen, das dem Lehrer Formen anbietet, die er in seinen Unterricht immanent einfügen kann, ohne daß sie eine allzu große zeitliche Belastung darstellen, und die jeweils nur ein ganz geringes Maß an Aufbereitung für die eigene Unterrichtsgestaltung erfordern. Vielleicht gelingt es uns darüber hinaus, an praktischen Beispielen darzustellen, daß und wie neue Erkenntnisse

---

[3]) Das Beispiel entspricht dem Sprachstand der ausländischen Studierenden nach wenigen Wochen Intensivunterricht im Fach ‚Deutsch als Fremdsprache'. Natürlich wird im Unterricht kein Wort durch ‚X' ersetzt, es wird also nicht mit irgendeiner Form des Lückentextes gearbeitet.

[4]) Davon können Sie sich nochmals durch einen Vergleich mit der Anmerkung (1) auf Seite 103 überzeugen.

in die Praxis umsetzbar sind, und so zu mehr Aufgeschlossenheit diesem Problem gegenüber anzuregen.

In diesem Sinne wendet sich unser Büchlein in erster Linie an die Fremdsprachenlehrer, die sich in ihrer täglichen Arbeit bemühen, die zahlreichen im praktischen Unterricht auftretenden Probleme zu bewältigen.

2. Das kontextuelle Erschließen

Betrachten wir die ‚klassische' Einteilung der Semantisierungsverfahren, so finden wir im allgemeinen vier Möglichkeiten:

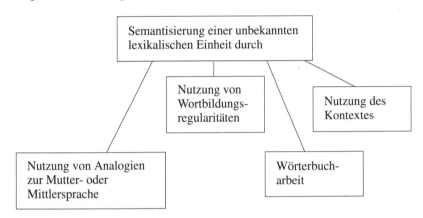

Semantisierung einer unbekannten lexikalischen Einheit durch

Nutzung von Wortbildungsregularitäten

Nutzung des Kontextes

Nutzung von Analogien zur Mutter- oder Mittlersprache

Wörterbucharbeit

Die Anordnung soll dabei keine Reihenfolge beim Vorgehen im Unterricht darstellen. Hier vertreten verschiedene Autoren unterschiedliche Auffassungen, lediglich die Arbeit mit dem Wörterbuch erscheint in keinem Fall an erster Stelle. Die drei im Schema zuerst genannten Möglichkeiten sind hinreichend bekannt und werden in Lehrbüchern und im Unterricht dargestellt, geübt und genutzt. Es sollte dabei allerdings nicht übersehen werden, daß auch dort Schwierigkeiten lauern, die aus Homonymie, nichtmotivierten Termini, sogenannten ‚falschen Freunden' usw. entspringen. Mehr dazu können Sie auf der Seite 79 und folgende finden.

Die Nutzung des Kontextes hingegen wird in vielen Fällen kaum weiter ausgeführt. Hinter dem Verfahren ‚Nutzung des Kontextes' verbergen sich zunächst einmal zahlreiche einzelne Möglichkeiten, die in folgender Übersicht dargestellt sind:

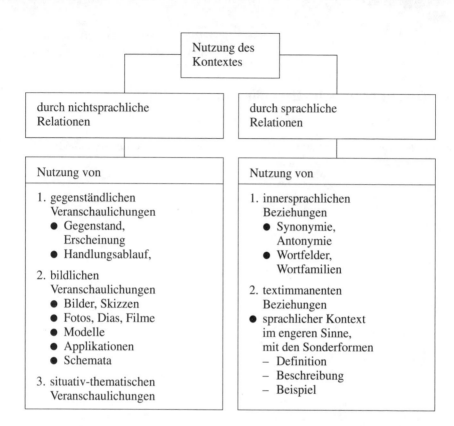

Wir wollen uns in diesem Büchlein ausschließlich mit Verfahren der Nutzung des sprachlichen Kontextes im engeren Sinn befassen, so wie das die Beispiele (2) und (3) auf den Seiten 6 und 7 illustrieren. Es werden also weder die nichtsprachlichen Methoden noch die innersprachlichen Beziehungen genutzt und zunächst auch die Sonderformen der Definition, der Beschreibung und des Beispiels außer acht gelassen. In diesem eingeschränkten Sinn wollen wir jetzt den Begriff ‚Kontext' verstehen. Erscheint uns in einem muttersprachlichen Text ein unbekanntes Wort – etwa ein Fremdwort – und es gelingt uns, seine Bedeutung zu erfassen, so haben wir dazu den Kontext genutzt, ohne uns dessen bewußt zu werden, also intuitiv.

Und gerade dieses intuitive Erschließen scheint beim Fremdsprachenlerner, vor allem im Anfangsunterricht, nicht zu funktionieren. Er könnte den Kontext nur dann bewußt nutzen, wenn er ihn zunächst logisch durcharbeitet.

Doch zu dieser Form, die eine eigenständige Auseinandersetzung und kognitive Bewältigung des Problems erfordert, ist er offensichtlich im allgemeinen nicht von vornherein in der Lage. Deshalb muß diese Form vermittelt und dann auch trainiert werden.

In der Literatur wird dieser bewußten Form des kontextuellen Erschließens wenig Aufmerksamkeit geschenkt, gelegentlich spricht man ganz allgemein von Nutzung des Sinnzusammenhangs, ohne die dabei ablaufenden kognitiven Prozesse darzustellen und auf entsprechende Strategien einzugehen bzw. sie zu entwickeln. Vielleicht findet diese Methode auch deshalb in den Lehrbüchern kaum einen Niederschlag – von Ausnahmen natürlich abgesehen – und wird im Unterricht kaum zielgerichtet und systematisch vermittelt und geübt. Der Lerner steht also dieser Schwierigkeit letzten Endes unmotiviert und wenig sensibilisiert gegenüber. Wenn wir uns nun dieser Semantisierungsmethode zugewandt haben, wollen wir sowohl ihrer offensichtlichen Vernachlässigung den anderen Verfahren als auch ihrer nicht unerheblichen Bedeutung beim rationellen Lesen von Texten ohne Nutzung des Wörterbuchs gegenüber Rechnung tragen.

Daraus folgt aber auch, daß wir das kontextuelle Erschließen in unserem eingeschränkten Sinne im System der anderen Systematisierungsverfahren als eine gleichberechtigte Möglichkeit betrachten. Mit unseren Überlegungen soll also vor allem eine Lücke geschlossen werden.

Die Wahl des jeweiligen Semantisierungsverfahrens ist selbstverständlich text- und situationsabhängig, niemand soll angehalten werden, den Kontext zu nutzen, wenn die Bedeutung sofort etwa aus der Wortbildungsregularität erkennbar ist. Aber je mehr Semantisierungsmöglichkeiten und Strategien dafür dem Lerner zur Verfügung stehen, desto eher wird er eine von ihnen für die jeweilige Aufgabe nutzen können. Desto sicherer und schneller wird er aber auch seinen eigenen, individuellen Lernstil finden, der die kritische Nutzung, Weiterentwicklung, aber auch Ablehnung bestimmter Verfahren einschließt und der Voraussetzung für das erfolgreiche Lernen einer Sprache ist (vgl. GÜNTHER, 1986). Schließlich wirken in der Praxis des Lesens meistens Elemente mehrerer Semantisierungsverfahren gleichzeitig.

Vergegenwärtigen wir uns noch einmal unser Anliegen: Es geht nicht in erster Linie um Semantisierung mit Hilfe des Kontextes durch den Lehrer im Unterricht, sondern durch den Lernenden selbst. Es geht also um Vermittlung von Verfahren durch den Lehrer an den Lerner, ihre Übung und ihr Training. Deshalb ist es letztlich unwichtig, an welchen konkreten Beispielen geübt wird. Diese sind nur Mittel zum Zweck und in unserem Büchlein Illustrationen zum Vorgehen. Wir können uns daher in den dargestellten Übungen auf das Erschließen konkreter Substantive in bekannten Sachverhalten beschränken. Sie sind vom Lerner zunächst am besten zu übersehen, das Erschließungsergebnis ist leicht zu kontrollieren, und Schwierigkeiten, die nicht das Erlernen der Methode betreffen, werden so erst einmal weitgehend vermieden. Die Beschränkung auf den Anfangsunterricht ergibt sich aus der Ansicht, daß gerade dort das kontextuelle Erschließen weitere Potenzen beim Erlernen einer Fremdsprache enthält, worauf im Kapitel 4 kurz eingegangen wird. Kapitel 7 und 8 deuten Wege zur Überwindung dieser Einschränkungen an.

3. Die Prämissenkonzeption

Betrachten wir noch einmal das Beispiel (3) auf Seite 7.

Bei Erschließen des unbekannten Wortes ‚X' haben wir doch zweifellos einige ganz bestimmte lexikalische Einheiten des Kontextes genutzt:

> *... Mantel hat ... X ...*
> *... fünf X ...*
> *... X fehlt ...*
> *... X verloren ...*

Diese ‚helfenden Wörter' haben sowohl beim intuitiven Erschließen gewirkt, dienen aber auch beim logischen Durchdringen des Textes als Erschließungshilfen: Was kann am *Mantel fehlen*, was kann *fünf*mal vorhanden sein und *verloren* werden? Es gibt nur wenige andere Möglichkeiten als K n o p f.

Diese ‚helfenden Wörter' wollen wir künftig **Prämissen** nennen und das zu erschließende Wort **Stammwort.**

Versuchen Sie doch jetzt einmal, im Beispiel (2) auf Seite 6 zum Stammwort Z i r k e l und im folgenden Beispiel (4) zum Stammwort M ü t z e aus dem Kontext Prämissen zu bestimmen[5]).

> (4) *Es ist kalt. Peter trägt einen Mantel und auf dem Kopf eine Mütze.*

Haben Sie die Prämisse gefunden? Vergleichen Sie mit Anmerkung 2 auf Seite 103!

Was kennzeichnet nun eigentlich eine lexikalische Einheit als Prämisse?

Eine lexikalische Einheit wird als Prämisse bezeichnet, wenn ein semantischer Zusammenhang (Zugehörigkeit nach der Bedeutung) zu einem vorgegebenen Stammwort besteht.

Mit dieser vorläufigen, vereinfachten Erklärung kämen wir recht bald in Widerspruch, deshalb muß sie noch präzisiert werden. Vorerst aber wollen wir uns mit ihr begnügen und zunächst einmal einige Kriterien für Prämissen im Kontext beschreiben.

Qualität der Prämissen

Sie haber sicher bei der Beschäftigung mit den Beispielen schon festgestellt, daß nicht alle Prämissen in gleicher Weise helfen, die Bedeutung des Stammwortes zu erhellen. Diese unterschiedliche Wirksamkeit für das Erschließen des Stammwortes (hier auch als Stärke bezeichnet) wollen wir ‚Qualität der Prämisse' nennen. Mit der Qualität ha-

---

[5]) Bei diesem und a l l e n anderen Beispielen und Übungen dieses Büchleins sollten alle anderen lexikalischen Einheiten und der Sachverhalt dem Lerner bekannt sein.

ben wir wohl das wichtigste Kriterium vorliegen, das aber auch am schwierigsten zu erfassen ist und zahlreichen Abhängigkeiten unterliegt. Wir wollen uns hier nur auf eine kleine Auswahl von diesen Abhängigkeiten beschränken, die der Lehrer durchaus in Training und Übung einfließen lassen kann, worauf dann an geeigneter Stelle verwiesen wird.

Die Qualität einer Prämisse hängt in erster Linie von der Anzahl der denkbaren Stammwörter ab. Ideal wäre, wenn es nur ein mögliches Stammwort gäbe, dann wäre das richtige Erschließen mit absoluter Sicherheit gewährleistet. Doch das ist wohl in den seltensten Fällen so. (Im Beispiel (3) Seite 7 wäre statt Knopf auch Schlaufe oder Haken denkbar, wenn der Mantel auf die Weise zugemacht werden würde). Je mehr Stammwörter nun für eine bestimmte Prämisse denkbar sind, desto geringer ist ihre Qualität.

(5) *X ist grau.*
X ist blond.
Zur Semantisierung der Bedeutung ‚das Haar' für ‚X' ist die Qualität der Prämisse *grau* sehr gering (es gibt viele ‚Dinge', die grau sind), die Qualität der Prämisse *blond* jedoch relativ hoch (es gibt nur wenige ‚Dinge', die blond sind).

Der Lerner sollte darauf hingewiesen werden, daß eine Prämisse meist nicht eindeutig und zwingend zu einer bestimmten Bedeutung des unbekannten Stammwortes führt, sondern die Zahl der Möglichkeiten lediglich verschieden stark einengt.

Die Qualität einer Prämisse hängt aber auch davon ab, wie typisch die semantischen Beziehungen zwischen ihr und dem Stammwort sind.

(6) *Er nimmt einen X und schlägt damit einen Nagel in die Wand.*

Sicher haben Sie sogleich das ‚X' intuitiv als ‚Hammer' semantisiert, aber auch das bewußte Suchen und Nutzen der Prämissen *schlagen, mit X, Nagel* und *in die Wand* führt uns zum gleichen Ergebnis. Doch in beiden Fällen haben wir stillschweigend vorausgesetzt, daß in diesem Text auch tatsächlich das typische Werkzeug ‚Hammer' gemeint ist. Nun gibt es aber eine ganze Reihe anderer Gegenstände, die man in bestimmten Situationen in Ermangelung eines Hammers zum Einschlagen eines Nagels in die Wand benutzen kann, z. B. einen Stein. Doch wer würde schon in Beispiel (6) ‚Stein' erschließen, obgleich das in einem konkreten Text denkbar und durchaus richtig sein könnte, aber eben nicht typisch ist. Wir können also sagen: Je typischer die semantischen Beziehungen zwischen Stammwort und Prämisse sind, desto stärker ist die Prämisse.

Der Lerner sollte erfahren, daß in Texten auch untypische, aber deshalb nicht falsche Beziehungen dargestellt sein können und daß dann die Erschließung mit Hilfe der Prämissen versagt. Dieses Problem kann man durch einfache Beispiele vermitteln:

(7) *Peter hat Geburtstag. Seine Freundin Monika besucht ihn, und er überreicht ihr ein Geschenk.*

Haben Sie vielleicht auch beim flüchtigen Lesen den Sachverhalt des Beispiels für typisch gehalten? Erst beim aufmerksamen Betrachten erkennt man die Situation als untypisch – aber als durchaus möglich.

Einige weitere Abhängigkeiten der Prämissenqualität seien noch kurz erwähnt. So spielt sicher auch die räumliche Entfernung zwischen Stammwort und Prämisse eine Rolle für deren Wirksamkeit, d. h. ob die Prämisse im gleichen Satz, in einem anderen Satz oder gar einem anderen Abschnitt als das zu erschließende Stammwort auftaucht.

Weiterhin wird die Art der begrifflichen Relationen zwischen Stammwort und Prämisse die Qualität ebenso beeinflussen wir die Art der grammatischen Relationen. Unter begrifflichen Relationen verstehen wir die Beziehungen zwischen verschiedenen Begriffen, die sehr unterschiedlicher Art sein können, z. B.:
– Beziehungen zwischen einem Begriff und einer Eigenschaft
  (Schimmel – weiß ➤ Attributrelation)
– Beziehungen zwischen zwei gegensätzlichen Begriffen
  (Sommer – Winter ➤ Kontrastrelation)
– räumliche Beziehungen zwischen zwei Begriffen
  (Fisch – Wasser ➤ Lokationsrelation)

Die verschiedenen Arten der begrifflichen Relationen spielen für die Prämissenqualität und damit für das kontextuelle Erschließen eine Rolle. Zahlreiche weitere Relationen und ihre Bedeutung finden Sie bei KLIX, 1984, S. 9 ff. und KLIX, 1989, S. 27 ff.

(8) *Die Gardinen hängen am Fenster. Sie sind schön.*

Würden Sie der Prämisse *am Fenster*, die mit dem Stammwort Gardine durch eine Lokationsrelation verbunden ist, eine höhere Qualität zuordnen als der durch eine Attributrelation verbundenen Prämisse *schön* oder umgekehrt?

(9) *Er schlägt mit einem Hammer ...*
    Er nimmt einen Hammer und schlägt damit ...

Halten Sie die Wirkung der direkt-grammatischen Beziehung zwischen der Prämisse *mit* und dem Stammwort Hammer über eine Präposition im ersten Satz für größer als die mittelbar-grammatische Beziehung über das Pronominaladverb ‚damit‘ im zweiten Satz?

Wenn wir jetzt den beiden in den Beispielen gestellten Fragen nicht weiter nachgehen und Ihnen sogar die Antwort darauf schuldig bleiben wollen, so hat das mehrere Gründe. Wollte man ausschließlich die Wirkung der verschiedenen Relationen vergleichen, so müßten alle anderen Einflüsse auf die Prämissenqualität gleich sein. Das zu verwirklichen ist sehr schwer; man könnte dem eher in einer Versuchsreihe nahekommen als in einem Einzelbeispiel. Weiterhin entspricht es in keiner Weise unserem Anliegen zur praktischen Nutzung der Prämissen beim kontextuellen Erschließen, eine exakte, quantitative Bestimmung der Prämissenqualität vorzunehmen und alle entsprechenden Abhängigkeiten einfließen zu lassen, zumal dabei noch zahlreiche weitere Fragen zu klären sind. Uns sollte es genügen, eine Prämisse global als ‚stärker‘ oder ‚schwächer‘ einzuschätzen und dabei zu wissen, daß die genannten Abhängigkeiten eine Rolle spielen. Auch im Unterricht sollte bei der Arbeit und Übung mit dem Lerner die Frage der Stärke einer Prämisse nicht über eine allgemeine Angabe hinausgehen und vor allem das Verständnis für die Prämissen an sich vertiefen.

Eine genaue Festlegung der Prämissenqualität wäre objektiv nur denkbar als materialabhängige Größe, nicht erfaßt würde dabei der mindestens ebenso stark wirksame subjektive Anteil, d. h. wie der Lerner selbst in einem bestimmten Text oder in einer bestimmten Lesesituation die Stärke einer Prämisse empfindet. Das ist von einem ganzen Komplex von Faktoren abhängig, in dem Vorwissen, Motivation, Assoziationsfähigkeit, aber auch der Zufall eine Rolle spielen. Näheres dazu ist im Kapitel 4 ausgeführt.

Anzahl der Prämissen

Die Formel ‚Je mehr Prämissen, desto besser sind die Erschließungsmöglichkeiten' gilt nicht schlechthin, denn z. B. zwei Prämissen hoher Qualität können durchaus mehr zum Erschließen beitragen als vier oder fünf Prämissen geringer Qualität. Der Vorteil einer größeren Anzahl von Prämissen liegt einmal darin, daß dem Lerner dadurch mehr Möglichkeiten gegeben sind, eine für das Erschließen ausreichende Anzahl von Prämissen überhaupt zu finden. Wir müssen in der Praxis des Anfangsunterrichtes ja auch davon ausgehen, daß der Lerner, selbst bei bewußter Suche, gar nicht immer alle objektiv möglichen Prämissen auch als solche erkennt und damit nutzen kann. Man sollte deshalb generell die Frage ‚Wieviele Prämissen gibt es?' vermeiden und ersetzen durch ‚Wieviele Prämissen haben Sie gefunden?' Sicher gibt es im Kontext lexikalische Einheiten, die zweifellos für jeden Prämissenfunktion haben, und solche, die keinesfalls, auch mit größter Phantasie, als Prämissen anzusprechen sind. Dazwischen aber wird ein Teil sicher von einigen Lernern noch, von anderen nicht mehr als Prämissen empfunden. Der Übergang von der sehr schwachen ‚Noch-Prämisse' bis zur ‚Nicht-Prämisse' ist also fließend. Hier vor allem setzt das subjektive Empfinden des Lerners ein. Eine genau definierte Anzahl von Prämissen zu einem Stammwort gibt es also in einem Kontext im allgemeinen nicht.

Doch zurück zu den Vorteilen einer großen Anzahl von Prämissen. Die Wirksamkeit der einzelnen Prämissen wird durch ihr gegenseitiges Zusammenwirken stark vergrößert. Bisher haben wir bei der Frage der Qualität nur einzelne Prämissen isoliert betrachtet. Bei mehreren Prämissen setzt jedoch ein Effekt ein, der die Qualität entscheidend erhöht und oft überhaupt erst eine Nutzung für das kontextuelle Erschließen möglich macht.

(10) *X ist weiß.*

Zur Semantisierung der Bedeutung ‚die Wolke' für ‚X' hat die Prämisse *weiß* eine außerordentlich geringe Qualität. Es gibt zahllose ‚Dinge', die weiß sind, also zahllose denkbare Stammwörter. Eigentlich kann man hier gar nicht mehr von einer Prämissenfunktion sprechen.

X ist am Himmel.

Auch hier ist die Qualität der Prämisse *am Himmel* nicht sehr hoch, da es noch eine recht große Anzahl von ‚Dingen' gibt, die am Himmel sind.

X ist weiß und am Himmel.

Mit dieser Kombination ist die Qualität sprunghaft gestiegen und beträgt weit mehr als eine Summe der Einzelqualitäten, denn es gibt wesentlich weniger ‚Dinge', die gleichzeitig weiß und am Himmel sind. Die Zahl der denkbaren

Stammwörter hat sich so verringert, daß erst jetzt ein Erschließen der Bedeutung von ‚X' erfolgversprechend wird.

Wenn wir das einmal schematisch darstellen, so enthält das linke Rechteck alle denkbaren Stammwörter zur Prämisse *weiß* (zur Demonstration sind fünf angegeben), das rechte Rechteck alle zur Prämisse *am Himmel* (mit sechs Beispielen). Im Bereich der Überlappung der beiden Rechtecke finden wir alle potentiellen Stammwörter, für die beide Prämissen gleichzeitig zutreffen (in unserem Fall nur noch zwei).

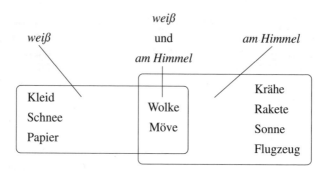

Auf diesen Effekt sollte der Lerner an geeigneter Stelle unbedingt aufmerksam gemacht werden, so daß er lernt, alle gefundenen Prämissen auch bezüglich ihrer Abhängigkeit und Beeinflussung untereinander zu betrachten. Übungswege dazu sind im Kapitel 7 vorgeschlagen.

Anordnungsprinzip der Prämissen

Für das Vorgehen bei der bewußten Prämissensuche spielt es im Zusammenhang mit entsprechenden Lesetechniken durchaus eine Rolle, ob alle in Frage kommenden Prämissen v o r der unbekannten lexikalischen Einheit auftreten (Anordnungsprinzip A), alle d a n a c h (Anordnungsprinzip B) oder einige d a v o r u n d andere d a n a c h (Anordnungsprinzip AB).

Fall A haben wir im Beispiel (4) auf Seite 12 und Fall AB im Beispiel (3) auf Seite 7, wie Sie sich leicht überzeugen können.

Stehen die Prämissen vor dem Stammwort, muß der Lerner sich bei der Suche durch Zurücklesen orientieren, stehen sie nach dem Stammwort, muß er erst einmal weiterlesen. Und gerade letzteres scheint dem Anfänger im Fremdsprachenunterricht oft schwerzufallen, er stockt bei dem unbekannten Wort und ist nicht bereit, mit einer zunächst offen gelassenen Bedeutung weiterzugehen.

Dem Lerner sollte also durch Demonstration dieser Anordnungsprinzipien gezeigt werden, daß Prämissen zur Erschließung der unbekannten Bedeutung sowohl vor als auch nach dem neuen Wort anzutreffen sind, oft bis in einen anderen Satz oder Abschnitt hinein. Er hat also einen größeren Bereich um die unbekannte lexikalische Einheit herum nach Prämissen zu ‚durchforschen'.

Wir wollen nun das über Prämissen Gesagte in einem Beispiel vertiefen, das Sie selbst bearbeiten sollen:

(11) Versuchen Sie in diesem Beispiel die folgenden Aufgaben zu lösen!

> *Peter bringt Monika seinen Mantel. Monika holt eine X, damit will sie den Knopf an Peters Mantel wieder annähen. Sie braucht dazu aber auch noch einen langen, schwarzen Y, den sie durch das Loch der X zieht. Dann beginnt sie mit der Arbeit.*

1. Erschließen Sie die Bedeutung der unbekannten Wörter X und Y!
2. Suchen und notieren Sie Prämissen für X und Y, die Ihnen beim Erschließen der Bedeutung geholfen haben! Wieviel haben Sie gefunden?
3. Welches der Anordnungsprinzipien A, B oder AB liegt jeweils vor?
4. Ordnen Sie Ihre Prämissen jeweils für X und Y nach deren Qualität, indem Sie mit der stärksten beginnen! Überlegen Sie eine Begründung für Ihre Entscheidung!

Vergleichen Sie Ihre Ergebnisse mit den Anmerkungen (3) auf Seite 103!

Wenn Sie nun nach dem Vergleich feststellen, daß Ihre Lösungen bei den Fragen 2 und 4 (und als Folge evt. auch bei der Frage 3) nicht völlig mit unseren Vorschlägen übereinstimmen, so muß das kein Fehler oder Mangel sein, sondern es ist eine Folge der unterschiedlichen subjektiven Auffassungen. In diesem Sinne soll auch bei Ihrer Arbeit mit den Lernenden stets das Anliegen der richtigen Erschließung im Vordergrund stehen und in keiner Weise eine vollständige Auflistung aller möglichen Prämissen und deren exakte Qualitätsbestimmung geübt werden.

Fassen wir nun die Erörterungen der Kriterien der Prämissen einschließlich der Schlußfolgerungen zusammen, so können wir folgende **Definition** formulieren:

> *Eine **Prämisse** zu einem gegebenen Stammwort ist eine lexikalische Einheit, die durch typische Merkmalsbeziehungen zu diesem Stammwort die potentielle Möglichkeit schafft, einen semantischen Zusammenhang zu erkennen und bei der Erschließung der Bedeutung des Stammwortes zu nutzen. Dabei können sich die Merkmalsbeziehungen direkt darstellen oder erst im Zusammenwirken mit anderen lexikalischen Einheiten des Textes entstehen.*

Es sei an dieser Stelle ganz besonders darauf hingewiesen, daß die Beziehung zwischen Stammwort und Prämisse weder mit semantischen Relationen schlechthin noch mit typischen Merkmalsbeziehungen gleichzusetzen sind. Für die Funktion einer lexikalischen Einheit als Prämisse ist immer die Möglichkeit des Bedeutungserschließens des unbekannten Stammwortes ausschlaggebend.

(12) Im Themenkreis ‚Gaststätte' besteht wohl zwischen ‚Fisch' und ‚essen' eine semantische Beziehung, aber im Satz ‚Ich esse X.' kann von einer Prämissenfunktion des Wortes ‚essen' zwecks Erschließung von ‚Fisch' wohl keine Rede sein.

(13) Zwischen ‚Knopf' und ‚fünf' im Beispiel (3) auf Seite 7 bestehen keinerlei typische Merkmalsbeziehungen, jedoch ist, wie wir gesehen haben, ‚fünf' im Zusammenwirken mit den anderen eine relativ starke Prämisse.

Auch die Lerner orientieren sich bei Übungen, die eine Prämissensuche fordern, zu oft schlechthin an semantischen Relationen oder typischen Merkmalen und übersehen die Bedingung des notwendigen Beitrags der Prämisse zum Erschließungsprozeß. Darauf sind sie aufmerksam zu machen.

So wie beim kontextuellen Erschließen in unserem Sinn auch die anderen Semantisierungsverfahren in vielen Fällen partiell zur Wirkung kommen, gibt es noch zahlreiche andere Faktoren, die für eine prämissenähnliche Wirksamkeit verantwortlich sind. Es sind z.b. Wiederholungen im Text, Überschriften, Festlegungen der Themenkreise usw., die bei unserer Darstellung keine Rolle spielen, aber im konkreten Fall immer gegenwärtig sind. Ihr Einfluß läßt sich gar nicht ausschließen. Wir wollen diese Einflüsse bei den Übungen mit dem Lerner nicht als störend oder unpassend, sondern als erfreulich ansehen. Schließlich ist die Arbeit mit den Prämissen nur ein Mittel zum Zweck, wichtig ist allein das Ziel eines rationellen Erschließens der im Text auftauchenden unbekannten Wörter.

Die Prämissenkonzeption ist unsere Grundlage für das Lehren, Lernen und Trainieren des kontextuellen Erschließens. Daher ist sie den Lernern im erforderlichen Umfang zu vermitteln. Wir wollen noch einmal zusammenstellen, was der Lerner von den Prämissen wissen sollte:
– Er muß über Wesen und Existenz der Prämissen informiert sein.
– Er muß sie als Erschließungshilfe erkennen.
– Er muß in der Lage sein, sie bewußt zu suchen und beim kontextuellen Erschließen zu nutzen.
– Er soll das kontextuelle Erschließen als ein weiteres Angebot neben den anderen Semantisierungsmethoden erfahren und seine Vorzüge zu nutzen verstehen.
– Er soll wissen, daß die Prämissen nicht immer eindeutig zur richtigen Bedeutung führen, und er muß bestimmte Unsicherheiten akzeptieren.
– Er soll über einige Kriterien und Abhängigkeiten der Prämissen Bescheid wissen, z.B. über die unterschiedliche Qualität von starken und schwachen Prämissen, über Anordnungsprinzipien, über das Zusammenwirken mehrerer Prämissen sowie über solche Fragen z.B., wie typisch bzw. untypisch die Beziehungen zwischen Prämisse und Stammwort sind.

Dieses Wissen ist ihm in einer dem Sprachstand gemäßen Form zu vermitteln, besonders im Anfangsunterricht. Die Kapitel 5, 6 und 7 stellen Ideen vor, wie diese Vermittlung erfolgen kann.

Zusammenfassung

● Eine Prämisse ist eine lexikalische Einheit, die zur Erschließung der Bedeutung eines unbekannten Stammwortes genutzt werden kann.
● Wichtige Kriterien der Prämisse sind ihre Qualität, ihre Anzahl und das Anordnungsprinzip.

- Die Qualität der Prämisse beschreibt die Stärke ihrer Wirksamkeit beim kontextuellen Erschließen und unterliegt zahlreichen Abhängigkeiten.
- Die Anzahl der Prämissen ist besonders für den Effekt der Erhöhung ihrer Wirksamkeit infolge ihres gegenseitigen Zusammenwirkens von Bedeutung.
- Die unterschiedliche Anordnung der Prämissen vor oder nach dem unbekannten Stammwort erfordert unterschiedliche Lesestrategien vom Lerner.
- Beziehungen zwischen Prämisse und Stammwort hängen von semantischen Relationen und typischen Merkmalsbeziehungen ab, sind aber nicht mit diesen gleichzusetzen. Entscheidend ist stets die Wirksamkeit der Prämisse für das richtige Erschließen.

4. Theoretische Hintergründe

Im vergangenen Kapitel haben wir die Prämissenkonzeption vorgestellt und erläutert. Dies geschah vor allem im Hinblick auf die Anwendung im Unterricht durch den Lehrer. Wenn wir jetzt auf einige ausgewählte theoretische Hintergründe eingehen wollen, so kann das einerseits keinesfalls vollständig geschehen, zum anderen ist ihre Kenntnis für das unmittelbare Anwenden der Prämissen in der Arbeit mit dem Lerner nicht erforderlich. Man kann also diesess Kapitel durchaus überspringen, ohne daß die Verständlichkeit des Nachfolgenden beeinträchtigt wird, das sich dann direkt der Unterrichtsarbeit zuwendet. Einen kurzen Überblick über die Kerngedanken dieses Abschnittes 4 findet der eilige Leser am Ende wieder in einer kleinen Zusammenfassung. Der Inhalt dieses Kapitels ist außerdem nur für den Lehrer bestimmt.

Textverarbeitung

Kontextuelles Erschließen ist auch immer Textverarbeitung. Aus der Vielzahl der dazu existierenden Betrachtungen wollen wir uns vor allem zwei Auffassungen zuwenden, die uns für den Fremdsprachenlerner besonders im Anfangsunterricht bedeutsam erscheinen und die im folgenden beschrieben werden sollen.

Einmal handelt es sich um die additiv-elementaristische Auffassung zur Textverarbeitung. Dieses Textverarbeitungsmodell geht davon aus, daß die Bedeutung eines Textes aus semantischen Einheiten, den Propositionen, besteht, die beim Lesen nacheinander aufgenommen und in Form eines ‚additiven Prozesses' miteinander zu einem Ganzen verknüpft werden. Auf diese Weise wird im Kopf des Lesers eine Vorstellung der Textbedeutung, eine mentale Repräsentation also, schrittweise aufgebaut. (SCHNOTZ, 1985).

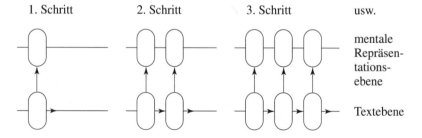

1. Schritt	2. Schritt	3. Schritt	usw.
			mentale Repräsentationsebene
			Textebene

Das Schema zeigt, wie sich durch das Hinzufügen weiterer semantischer Einheiten beim Lesen auf der Textebene nacheinander die Bedeutungsvorstellung auf der mentalen Repräsentationsebene aufbaut.

Diese Auffassung ist ‚elementaristisch‘, da sie die Textbedeutung als aus einer Menge einzelner semantischer Einheiten bestehend ansieht, und sie ist ‚additiv‘, da der Verstehensprozeß als ein einfaches mechanisches Aneinanderfügen dieser semantischen Einheiten angesehen wird. Sie besagt also, daß man beim Lesen eines Textes mit der Vorstellung von dessen Inhalt nicht weiter ist als genau bis zu dem gerade gelesenen Wort. Eine umfassende Bedeutungsvorstellung – also eine ganzheitliche mentale Repräsentation – bildet sich bei diesem additiven Prozeß erst am Ende heraus.

Dieser Form der Textverarbeitung wird nun die ganzheitliche Auffassung gegenübergestellt, nach der der Leser von Anfang an eine ganzheitliche Repräsentation des dargestellten Sachverhaltes konstruiert. Das bedeutet, daß die Vorstellung, die sich der Leser vom Inhalt des Textes macht, in jeder Phase bereits über die beim Lesen aufgenommene Bedeutung hinausgeht und ganzheitliche Formen annimmt. Dabei fügt der Leser Informationen aus seinem Wissensbestand hinzu.
Während hier die Textebene naturgemäß auch aus einzelnen semantischen Einheiten besteht, die nacheinander gelesen werden, gibt es in jeder Phase schon eine ganzheitliche Vorstellung vom Inhalt bzw. von der Bedeutung des Textes. Man stellt sich also gleich zu Beginn des Lesens vor, worum es sich handelt bzw. handeln könnte. Natürlich ist diese ganzheitliche Vorstellung zu Beginn oft nur vage, unkomplett oder gar falsch, aber sie existiert erst einmal. Im Verlaufe des Leseprozesses wird sie dann – mit der Aufnahme weiterer Informationen – präzisiert, komplettiert und korrigiert oder bestätigt.

Nachfolgendes Schema versucht, diese Situation darzustellen:

1. Schritt   2. Schritt   3. Schritt   usw.

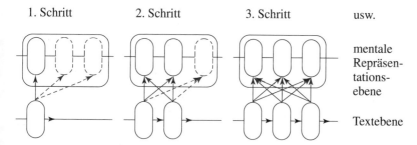

mentale
Repräsen-
tations-
ebene

Textebene

Während auf der Textebene auch hier die semantischen Einheiten nacheinander aufgenommen werden, existiert in jedem Schritt eine ganzheitliche Vorstellung auf der mentalen Repräsentationsebene, die durch die vielfältigsten Wechselbeziehungen zwischen beiden Ebenen gefestigt oder verändert wird.

Mit Hilfe eines kleinen Selbstexperiments, kann der Leser feststellen, welches Textverarbeitungsmodell für ihn zutrifft:

(14) – Lesen Sie bitte folgende Sätze!
   Sie stand neben ihm. Er hob die Axt und schlug zu.
   Sie schrie kurz auf und sank in die Knie.
   – Nun überlegen Sie bitte, welcher Fall für Sie
   beim Lesen zutraf:

(a) Sie haben sich schon beim Lesen eine Vorstellung vom Geschehen gebildet, das der Text beschreibt, also sofort ein ganzheitliches Situationsmodell geschaffen.

(b) Sie haben während des Lesens lediglich registriert, daß da ‚einer mit der Axt zuschlägt‘ und ‚eine Person aufschreit und in die Knie sinkt‘. Mehr ist im Text nicht gesagt, und Ihnen ist kein Gedanke gekommen, was dort eigentlich vorgehen könnte. Sie sind also additiv vorgegangen.

– Beachten Sie bitte, daß Sie ihre Entscheidung für (a) oder (b) nicht nach jetziger Überlegung treffen sollen, sondern ‚zurückdenken‘ müssen, was zutraf, als Sie den Text gerade lasen.

Sie haben nun Ihre Überlegung beendet, und wir sind ziemlich sicher, daß für Sie der Fall (a) richtig ist. Sie haben sich beim Lesen sogleich eine bestimmte Situation vorgestellt, vielleicht ‚Er hat sie erschlagen.‘ oder auch eine andere. Sie haben den Text also ganzheitlich verarbeitet. Wenn das zutrifft, so lesen Sie jetzt bitte die Fortsetzung des Textes in der Anmerkung (4) auf Seite 103, und vergleichen Sie sie mit Ihrem beim Lesen gebildeten Situationsmodell. Können Sie es bestätigen und präzisieren, oder war es falsch und Sie müssen es verändern? Wenn Sie sich jetzt, da Sie die ‚richtige‘ Situation in diesem Beispiel kennen, in die Irre geführt fühlten, so war das von uns beabsichtigt. Es sollte Ihnen unsere Vermutung bestätigen, daß Sie einen Text ganzheitlich verarbeiten. Bei einer additiv-elementaristischen Verarbeitung hätte es dieses ‚in die Irre führen‘ nicht gegeben, dort entsteht kein Situationsmodell, das über das Gelesene hinausgeht. (Zuweilen leben literarische Texte, z.B. humorvolle Kurzgeschichten, davon, beim Leser zunächst eine falsche Vorstellung der Situation hervorzurufen und diese am Ende als Überraschungseffekt zu korrigieren.)

Mit diesen Überlegungen – und vielleicht auch mit dem Ergebnis Ihres kleinen Selbstexperiments – zugunsten der ganzheitlichen Textverarbeitung entsprechen wir auch den jüngsten Tendenzen in Auseinandersetzungen mit dieser Problematik in Psychologie und Fremdsprachenmethodik. Nun handelt es sich bei diesen Untersuchungen fast immer nur um muttersprachliche Texte, und additiv-elementaristisches und ganzheitliches Vorgehen werden als Alternative gegenübergestellt.

Für den Fremdsprachenunterricht ergibt sich nun die Frage, ob man solche Verarbeitungsmodelle für muttersprachliche Texte so einfach auf die fremdsprachlichen Texte übertragen kann und dabei die beiden Auffassungen überhaupt als Alternative zur Diskussion stehen. Muß man nicht bedenken, daß der Zweitspracherwerb ein Prozeß ist, im Verlaufe dessen sich Textverarbeitungsprozesse beim Lerner entwickeln und verändern und deshalb nicht auf allen Stufen mit dem gleichen Modell beschrieben werden können? Es ist also ein Modell zu schaffen, das ganz differenziert auf diese verschiedenen Stufen des Fremdsprachenunterrichts zugeschnitten ist und beide Vorstellungen der Textverarbeitung umfaßt. Dieses Modell beruht auf der Auffassung, daß im Verlaufe des Fremdsprachenerwerbs eine Entwicklung von einer additiv-elementaristischen zu einer ganzheitlichen Textverarbeitung stattfindet, d.h. der Lerner im Anfangsunterricht stärker nach dem additiv-elementaristischen Verfahren liest und verarbeitet und sich erst nach und nach eine ganzheitliche Verarbeitung des Textes herausbildet, die dann bei weitgehend fortgeschrittener Sprachbeherrschung vorherrscht.

Das bedeutet aber, daß auch die Erschließungsvorgänge auf der Stufe des Anfangs-unterrichtes anders verlaufen als später.

Vergleichen wir deshalb einmal, was geschieht, wenn der fortgeschrittene Lerner und der Anfänger auf ein unbekanntes Wort im Text stoßen: Der fortgeschrittene Lerner, der von Anfang an ein ganzheitliches Situationsmodell konstruiert, wird versuchen, ein unbekanntes Wort in diesem Modell ‚unterzubringen'. D. h., er kann die vielfältigsten semantischen Relationen und typischen Merkmalsbeziehungen zwischen dem unbekannten Wort und dem das ganzheitliche Modell repräsentierenden Kontext zur Bedeutungserschließung nutzen. Der Anfänger hingegen besitzt dieses ganzheitliche Situationsmodell noch nicht. Für ihn bedeutet ein unbekanntes Wort einen wesentlich größeren ‚Störfaktor' beim Lesen, er kann es nicht in ein Situationsmodell einbetten und somit die genannten Relationen nicht nutzen. Das bedeutet also, daß bei der ganzheitlichen Textverarbeitung durch den Fortgeschrittenen das unbekannte Wort n a c h der Schaffung des Situationsmodells auftritt, bei der additiv-elementaristischen des Anfängers jedoch d a v o r. Im Verlauf des Fremdsprachenerwerbs vollzieht sich ein Übergang zur ganzheitlichen Textverarbeitung hin. Dieser Vorgang darf nicht dem Selbstlauf überlassen bleiben, sondern sollte vom Lehrer unterstützt und beschleunigt werden.

Zuweilen wird dem Fremdsprachenunterricht der Vorwurf gemacht, daß es am „geistigen Ringen um die Bedeutung", am „mitdenkenden semantischen Rückkoppeln" fehlt, daß er zu statisch und einzelwortorientiert ist. (BLEYHL, 1987) Das bedeutet nichts anderes, als daß es an gezielten, geplanten und systematischen Bemühungen fehlt, von der additiv-elementaristischen Verarbeitungsweise zur ganzheitlichen zu gelangen.[6])
Zu welchen kuriosen Erscheinungen das im Unterricht führen kann, schildert BLEYHL, 1987 an einem Beispiel von LINKE, 1981:

(15) Im Englischunterricht der Klasse 7 ist das Wort ‚eagle' (['i:gǝl] = Adler) einzuführen. Der Lehrer erläutert: „It's an animal. You sometimes also find it in Germany. It is the national animal of the United States. It is even to be seen on American coins." (Es ist ein Tier. Man findet es auch manchmal in Deutschland. Es ist das Wappentier der Vereinigten Staaten. Es ist sogar auf amerikanischen Münzen zu sehen.) Der Lehrer zeigt eine solche Münze. Dann füllen die Schüler einen Lückentext unter dreimaliger richtiger Verwendung des Wortes aus. Am Stundenende befragt, was denn ein ‚eagle' auf Deutsch sei, antworten sie, erstaunt über die Frage, „Na, ein ‚Igel' natürlich."

Könnten Sie sich Ähnliches im Rahmen Ihrer Unterrichtsarbeit vorstellen?

Werden nun die Lerner mit dem Verfahren der bewußten Prämissensuche und -nutzung bekanntgemacht, so ermöglicht das dem Fortgeschrittenen, die beschriebenen semantischen Relationen und typischen Merkmalsbeziehungen intensiver, umfassender und bewußter bei der Bedeutungserschließung auszunutzen, das logisch-diskursive Erschließen wird also gefördert. Den Anfänger hingegen zwingt diese Arbeit mit den Prämissen erst einmal, von der additiv-elementaristischen Wort-für-Wort-Erarbeitung

---

[6] Vielleicht liegt das auch daran, daß der Lehrer als ‚Fortgeschrittener' den Faktor des additiv-ele-mentaristischen Verfahrens beim Lerner nicht mehr bedenkt.

des Textes abzugehen und sich den semantischen Zusammenhängen im Kontext stärker zuzuwenden. Dadurch wird ein schnellerer Übergang zur ganzheitlichen Textverarbeitung erreicht und schließlich ein logisch-diskursives Erschließen ermöglicht.

Daraus folgt, daß der Arbeit mit Prämissen auf der Grundlage der Prämissenkonzeption schon im Anfangsunterricht eine hohe Bedeutung zukommt, indem sie die Herausbildung der Fähigkeit zur Schaffung einer ganzheitlichen Situationspräsentation beschleunigt.

Kontextuelles Erschließen erfordert ein Herangehen auf der Basis der ganzheitlichen Textverarbeitung. Die Arbeit mit Prämissen erleichtert das kontextuelle Erschließen und fördert die ganzheitliche Textverarbeitung.

● Weitere Beispiele und Übungsideen zur ganzheitlichen Textverarbeitung finden Sie im Kapitel 9. auf den Seiten 89 f.

Lernerabhängige Einflußfaktoren

Rufen wir uns noch einmal die Diskussion zur Qualität einer Prämisse als ihr wichtigstes und für das kontextuelle Erschließen entscheidendes Kriterium ins Gedächtnis zurück. Es wurden ausschließlich Eigenschaften und Beziehungen erörtert, die durch den Text bzw. durch die Bedeutung der Prämisse objektiv festgelegt sind, z.B. die Anzahl der denkbaren Stammwörter, die Stärke der typischen Beziehungen oder der räumliche Abstand zwischen Stammwort und Prämisse. Damit haben wir die Qualität der Prämisse allein als einen materialabhängigen Einflußfaktor für das kontextuelle Erschließen charakterisiert.

Daneben spielen aber nun subjektiv auf den Lerner bezogene Faktoren bei der Suche und Nutzung der Prämissen und beim kontextuellen Erschließen überhaupt eine ebenso große Rolle, die wir in unserer umfassenden Prämissendefinition schon anklingen ließen. Wir sprachen dort von einer ‚potentiellen Möglichkeit' und meinen damit, daß nicht für jeden Lerner jede objektiv existierende Prämisse auch als solche wirkt. Das kann zwei Ursachen haben. Entweder benötigt der Lerner diese Prämisse nicht, weil er das Wort bereits – vielleicht durch ein anderes Semantisierungsverfahren oder durch andere Prämissen – erschlossen hat. Oder der Lerner vermag diese Prämisse nicht zu nutzen.

Ersteres ist für uns uninteressant, das Ziel des Erschließens ist erreicht.

Uns soll der zweite Fall beschäftigen, und wir wollen der Frage nachgehen, welche Eigenschaften und kognitiven Voraussetzungen beim Lerner selbst von Bedeutung sind. Das betrifft sowohl Eigenschaften des Lerners, die sich auf die Suche, das Erkennen und das Nutzen der Prämissen insbesondere beziehen, als auch auf Eigenschaften, die die subjektiven Textverarbeitungsmethoden betreffen oder kognitive Fähigkeiten als Voraussetzung des kontextuellen Erschließens ganz allgemein. Wir sprechen dabei von lernerabhängigen Einflußfaktoren und meinen damit – einmal einfach und global ausgedrückt – alles das, was im Kopf des Lerners an geistigen Voraussetzungen und Eigenschaften vorhanden sein muß, um erschließen zu können.

Es versteht sich von selbst, daß es sich dabei um eine sehr große Anzahl der unterschiedlichsten, aber zum Teil voneinander abhängenden und sich beeinflussenden

Eigenschaften, Bedingungen, Voraussetzungen, Fähigkeiten und Fertigkeiten handelt, wobei die Betrachtung jedes einzelnen Faktors für sich eine umfangreiche Darstellung erforderte.

Wir wollen nun einige uns wichtig erscheinende Einflußfaktoren herausgreifen und kurz besprechen.

1. Assoziationsfähigkeit

Assoziation ist, allgemein formuliert, eine Verbindung von Bewußtseinsinhalten (Wahrnehmungen, Vorstellungen, Begriffen) dergestalt, daß das Auftreten einer Erscheinung zur Reproduktion einer anderen, mit ihr verknüpften Erscheinung führt.

(16) Die Nennung des Begriffes ‚Arzt‘ läßt Ihnen nach entsprechender Aufforderung eine ganze Reihe von damit verknüpften Begriffen einfallen: Krankenhaus / Schmerzen / Patient / Medikament / untersuchen / krank / Spritze / verordnen / ...
Dabei handelt es sich um verschiedene Relationen, um eine Lokationsrelation bei ‚Der Arzt arbeitet im Krankenhaus.‘, um eine Kausalrelation bei ‚Man geht zum Arzt, weil man Schmerzen hat.‘ oder um eine Objektrelation im Fall ‚Der Arzt untersucht den Patienten.‘ usw.

Der im Beispiel beschriebene Vorgang ist eine freie Assoziation; für die verknüpften Begriffe gibt es keine Bedingungen. Das entspräche bei unserem Problem des kontextuellen Erschließens der Erfassung aller denkbaren Stammwörter zu einer genannten Prämisse.

(17) Die Nennung des Satzes *Der Arzt untersucht X.* schränkt die Möglichkeiten der mit ‚Arzt‘ verknüpften Begriffe in der Position des ‚X‘ wesentlich ein, es kommen nur Objektrelationen in Frage.

Hier handelt es sich um eine gebundene Assoziation, die bestimmten Vorschriften unterliegt. Diese Vorschriften können sich aus dem Zusammenwirken zweier oder mehrerer Prämissen ebenso ergeben wie aus grammatischen oder syntaktischen Bedingungen, typischen Beziehungen o.ä.
Das kontextuelle Erschließen erfordert in der Regel eine gebundene Assoziation.
Der Grad dieser Gebundenheit, der wiederum eine enge Beziehung zur Qualität der Prämisse besitzt, wird zum Teil objektiv durch die Textstruktur bestimmt und durch die erwähnten Vorschriften ausgedrückt. Zum anderen Teil wirkt die Lernerabhängigkeit in Form des subjektiven Erkennens und Nutzens dieser Vorschriften.

(18) Im Beispiel *Der Arzt verordnet dem X ein Medikament.* drücken sich diese Vorschriften in der Satzgliedstellung und im Dativ aus, aber nur wenn man diese Vorschriften erkennt und bewußt nutzt, wird die Gebundenheit der Assoziation und damit die Qualität der Prämissen erhöht.

Assoziationsfähigkeit im Sinne des kontextuellen Erschließens ist also die Fähigkeit, über semantische Merkmalsbeziehungen, geleitet durch Vorschriften und durch aktive Reproduktion die zu den vorhandenen Prämissen möglichen Stammwörter zu erkennen.

Unter aktiver Reproduktion ist aber hier kein einfaches ‚Wiedererinnern' an bekannte Fakten zu verstehen, sondern ein durch bewußtes kognitives Handeln geprägter Prozeß, der Inhalte auch variieren, verändern oder neu bilden kann. Letzteres ist bei Beziehungen zwischen Begriffen der Fall, die aus gespeicherten Merkmalseigenschaften hergeleitet werden können. Diese Beziehungen „werden (im allgemeinen) operativ gebildet und sind mithin nicht stationär gespeichert". (KLIX, 1984, S. 17)

Wollen wir uns diese Zusammenhänge nochmals in einem kleinen, einfachen Beispiel verdeutlichen, das Sie bearbeiten:

(19) Lösen Sie bitte folgende Aufgaben!
1. Suchen Sie in einer f r e i e n Assoziation mit *Gemälde* verknüpfte Begriffe! Notieren Sie alle Begriffe, die Sie finden, und lassen Sie Ihrer Phantasie freien Lauf!
2. Wir wollen jetzt diese gefundenen Begriffe als mögliche Stammwörter zur Prämisse *Gemälde* betrachten. Für welche dieser Stammwörter wäre *Gemälde* eine schwache Prämisse für welche eine starke? Markieren Sie die Begriffe entsprechend, wobei Sie nur eine Grobbewertung – stark oder schwach – vornehmen sollten.
3. *Das Gemälde des X_1 kann man im X_2 betrachten.* Suchen Sie in einer nunmehr g e b u n d e n e n Assoziation für X_1 und X_2 mit ‚Gemälde' verbundene Begriffe! Wäre für diese Stammwörter die Prämisse *Gemälde* vorwiegend stark oder schwach? Vergleichen Sie mit Ihren Notizen zur Aufgabe 2.!
4. Welche Vorschriften der gebundenen Assoziation haben die Menge der frei assoziierten Begriffe eingeschränkt?

Vergleichen Sie Ihre Ergebnisse mit den Anmerkungen unter (5) auf Seite 103! Assoziieren in diesem Sinne erfordert also eine durch aktives Handeln geprägte Wechselwirkung zwischen dem Informationsangebot des Textes und vorhandenen Gedächtnisbeständen, dem Wissen.

● Weitere Beispiele und Übungsideen zur Assoziation finden Sie im Kapitel 9 auf den Seiten 90 ff.

2. Wissen

„Eine charakteristische ... Grundfunktion des menschlichen Gedächtnisses liegt in der Befähigung zur Beantwortung von Fragen." (KLIX, 1984, S. 9) Dazu wird Wissen bereitgestellt. Der Begriff ‚Frage' ist hier im weitesten Sinne zu verstehen, und wir wollen auch eine unbekannte lexikalische Einheit als eine solche Frage auffassen. Zur Erschließung ihrer Bedeutung, also für die Antwort, ist Wissen erforderlich.

Dabei handelt es sich einmal um S a c h wissen. Darunter wollen wir nicht nur den Informationsbestand verstehen, der dem Text zugrunde liegt, sondern in viel größerem Maße ein umfangreiches Hintergrundwissen im weitesten Sinn, das sogenannte ‚Weltwissen'. Die Bedeutung dieses Hintergrundwissens kommt darin zum Ausdruck, daß es mit den aufgenommenen Textinformationen gemeinsam eine einheitliche, semantische Beschreibung von dem aufbaut, was wir als ‚verstandenen Text' empfinden (HÖRMANN, 1978, S. 474 ff.). Dieses Hintergrundwissen ist also ein notwendiger Faktor unseres Textverstehens. Damit ist es auch wesentliche Voraussetzung zum Erfassen von Merkmalsbeziehungen im Text und somit zur Nutzung der Prämissen beim kontextuellen Erschließen. Ein Lerner mit gering ausgeprägtem Weltwissen wird also solche für das kontextuelle Erschließen geeignete Merkmalsbeziehungen in vielen Fällen nur unvollständig oder überhaupt nicht erfassen können und umgekehrt.

Diese Problematik ist besonders bei solchen Texten von Bedeutung, die neue Inhalte vermitteln, z.B. bei Fachtexten. In diesen Zusammenhang gehört auch das Wissen über die schon mehrfach erwähnten typischen Beziehungen sowohl hinsichtlich von Merkmalen als auch in Bezug auf Geschehensabläufe.

Betrachten wir folgendes Beispiel:

(20) 'kalt' ist ein typisches Merkmal für ‚Eis' im Sinne einer innerbegrifflichen Attributrelation, ‚Garage' für ‚Auto' im Sinne einer zwischenbegrifflichen Lokationsrelation.

Innerhalb von Geschehensabläufen werden Begriffe in Bezug auf ganz bestimmte Ereignisse aneinander gebunden, ausgehend von einem semantischen Kern:

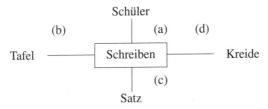

Dabei treten folgende Relationen auf:
(a) Handlungsträger
(b) Lokation
(c) Objekt
(d) Instrument.

Wir haben bereits darauf hingewiesen, daß das Typische im Text Voraussetzung für ein erfolgreiches kontextuelles Erschließen ist, Untypisches schränkt es ein oder verhindert es ganz.
Andererseits ist aber auch das Wissen über dieses Typische Bedingung für das Erschließen aus dem Kontext. Das mag banal erscheinen, denn es wird sich wohl niemand untypische Relationen statt typischer einprägen und als allgemeinen Wissensbestand aneignen. Das trifft sicher zu, solange der Lerner aus dem gleichen Kulturkreis kommt bzw. mit dem Kulturkreis vertraut ist, in dem die zu lernende Sprache Muttersprache ist. Deutschlernern aus anderen Kulturkreisen kann das für uns Typische zuweilen völlig untypisch erscheinen oder ganz unverständlich sein. Die in den Beispielen (4) und (8) auf den Seiten 12 und 14 benutzten und für unser Verständnis typischen Relationen zwischen den Begriffen ‚kalt' und ‚Mütze' oder ‚an den Fenstern hängen' und ‚Gardine' erfordern vom Leser – will er sie zum Erschließen nutzen – eben auch kulturspezifisches Wissen. In anderen Kulturkreisen trägt man z.B. Kopfbedeckungen nicht wegen zu niedriger Temperatur, und Gardinen am Fenster sind u.U.

völlig unbekannt, so daß der Lerner, der sich Deutsch vielleicht in seinem Heimatland aneignet, diese Relationen nicht nutzen kann, weil er sie nicht kennt. Sicher könnte man dazu eine große Anzahl von Beispielen zusammenstellen, etwa aus den Bereichen der Bekleidung und Bekleidungsgewohnheiten, Speisen und Eßgewohnheiten, Gewohnheiten im Umgang mit anderen Menschen und vieles andere mehr. Bestimmt sind im Unterricht jedem schon derartige Probleme begegnet. Übersieht aber der Lehrer diese Zusammenhänge, setzt er im Unterricht also einfach ,unser' kulturspezifisches Wissen voraus, kann es zu Reaktionen und Schwierigkeiten des Lerners kommen, die zunächst unverständlich erscheinen.

Es ist also zu beachten, daß alle Begriffe einer Sprache ein System darstellen, das sich aus der historischen Entwicklung der Sprachnutzung und Lebensweise im jeweiligen Sprachraum herausgebildet hat, sowohl die Bedeutung der Begriffe betreffend als auch die Relationen zwischen ihnen. Insbesondere bei Sprachen aus verschiedenen Kulturkreisen kann dieses System ganz unterschiedlich herausgebildet sein. Besitzt nun ein Lerner das mit der zu lernenden Fremdsprache verbundene kulturspezifische Wissen nicht oder nur in geringem Maße, so überträgt er einfach das Begriffssystem seiner Muttersprache und kann die spezifischen Relationen zwischen den Begriffen in der Fremdsprache nur mühsam oder gar nicht erfassen. Da diese Relationen aber die Grundlage für das kontextuelle Erschließen bilden, kommt es dann hier naturgemäß zu Schwierigkeiten.

Das bedeutet also, Wissen über kulturspezifische Gegebenheiten ist auch eine Voraussetzung, um erfolgreich kontextuell erschließen zu können. Andererseits wird dieses Wissen aber meist erst beim Fremdsprachenlernen erworben; der Lehrer kann es besonders beim Lerner aus anderen Kulturkreisen im Anfangsunterricht im allgemeinen nicht voraussetzen. Doch das bedeutet nun keinesfalls, auf die Arbeit mit Prämissen verzichten zu müssen. Zum einen gibt es doch viele Beispiele, wo Prämissen nicht kulturspezifisch wirken. Weiterhin sollte der Lerner auf alle Fälle mit diesem Semantisierungsverfahren vertraut gemacht und dafür sensibilisiert werden. Am wichtigsten erscheint uns jedoch die Möglichkeit, diesem Lerner gerade durch die bewußte Suche von Prämissen solche kulturkreisbedingten typischen Fakten und Zusammenhänge nahezubringen, indem der Lehrer sie aufzeigt und entsprechend kommentiert. Damit würde die Prämissenkonzeption dazu beitragen, neben der direkten Information interkulturelles Wissen auf ganz unaufdringliche Weise zu vermitteln.

Es ist auch selbstverständlich, daß zur Bewältigung kontextueller Erschließungsaufgaben ein ganz bestimmter Grad an Sprachbeherrschung vorausgesetzt werden muß, und zwar sowohl Sprachwissen als auch Sprachkönnen betreffend. Dazu gehören u.a. der Wortschatz und Kenntnisse über grammatische Regeln und Strukturen. Natürlich sind nur solche Prämissen wirksam, deren Bedeutung der Lerner kennt. Häufen sich im Kontext zu viele unbekannte lexikalische Einheiten, können die für das kontextuelle Erschließen benötigten semantischen Merkmalsbeziehungen nicht mehr erfaßt werden. Die Bedeutung der grammatischen Regeln für das Erschließen aus dem Kontext wird oft unterschätzt, indem man sie einseitig auf die reine Verknüpfung von Wörtern reduziert. Nach unserer Prämissendefinition auf Seite 17 entstehen Merkmalsbeziehungen zwischen Stammwort und Prämisse oft erst im Zusammenwirken mehrerer lexikalischer Einheiten des Textes, die – isoliert betrachtet – keine Prämisse zum Stammwort wären. Diese Verknüpfungen aber, die gewissermaßen ,Prämissen schaffen', sind in entscheidendem Maße an grammatische Strukturen gebunden. Beispiele hierfür sind Attributrelationen, Handlungsträgerrelationen, Lokationsrelationen, Instrumentrelationen, Finalitätsrelationen. Sie alle beinhalten spezielle grammatische Repräsentationen, die dem Lerner aber bekannt sein müssen, um genutzt werden zu können.

(21) Die reine Prämissen-Stammwort-Angabe
Lehrer / Text / korrigiert **/** X
läßt für X mehrere grundsätzlich verschiedene Möglichkeiten zu. Erst die Einfügung der grammatischen Komponenten in der Form
Der Lehrer korrigiert die X des Textes.
schränkt die Erschließungsmöglichkeit für X auf die Gruppe ‚Fehler‘/ ‚Wort‘/ ‚Satz‘ o.ä. ein.
Ohne Beachtung der Grammatik käme auch in Frage
Der Lehrer korrigiert den Text des X.
(mit ‚X‘ als ‚Schüler‘ zum Beispiel)
Der Lehrer korrigiert X den Text.
(mit ‚X‘ als ‚heute‘ beispielsweise, aber keinesfalls als ‚Fehler‘ oder ‚Schüler‘)

In diesem Sinne wirken semantische und grammatische Komponenten beim Erschließen als Einheit: die grammatische Komponente trägt entscheidend zur Erhellung der semantischen bei.

● Weitere Beispiele und Übungsideen zu typischen Relationen finden Sie im Kapitel 9. auf den Seiten 92 ff.

3. Lernbereitschaft und Motivation

Darunter sei nicht nur die hier eigentlich als selbstverständlich vorausgesetzte Bereitschaft zum Fremdsprachenerwerb insgesamt gemeint, sondern auch insbesondere die Bereitschaft zur Überwindung von Schwierigkeiten unter Benutzung von Wegen, die aktuell schwieriger, aber im Fortschreiten optimaler sind. Das bedeutet für unser Problem, daß der Lernende zum kontextuellen Erschließen bereit ist und erst einmal auf das im Moment bequemere Wörterbuch verzichtet. Dieser Bereitschaft kommt entgegen, daß die Entdeckung semantischer Zusammenhänge positiv erlebt wird und Freude bereitet. Es ist für Personen angenehm, die in Texten „enthaltenen (semantischen) Strukturen zu entdecken bzw. neu zu generieren, Ordnungsrelationen zwischen ihnen aufzuspüren und so neue (kognitive und emotionale) Erfahrungen zu machen." (GROEBEN / VORDERER, 1988, S. 159 ff.)

Eine solche ‚Entdeckerfreude‘ haben Sie sicherlich schon vielfach in den verschiedensten Bereichen erlebt. Welche Motive gäbe es denn sonst, aus reinem Vergnügen Kreuzworträtsel zu lösen, sich zu freuen, wenn man das Lösungswort gefunden hat und es sich in die Ordnung der sich kreuzenden Wörter einfügt und auf keinen oder nur im äußersten Fall in die Auflösung zu schauen! Und sollten Sie Kreuzworträtsel nicht mögen, haben Sie vielleicht Spaß an anderen Rätseln, Denksportaufgaben oder kriminalistischem Mitdenken bei entsprechenden Filmen.
Die Freude an der Entdeckung semantischer Strukturen kann nun ein starkes Motiv für das kontextuelle Erschließen sein. Es ist eine wichtige Aufgabe des Lehrers, diese ‚Entdeckungsfreude‘ bei der Arbeit mit Prämissen und der Nutzung von semantischen

Zusammenhängen zur Bedeutungserschließung zu wecken und zu fördern. Dazu gehört aber auch, daß er dem Lernenden stets die Überzeugung vermittelt, die gestellte Erschließungsaufgabe bewältigen zu können, und daß er ihm Vorteile und Nützlichkeit verdeutlicht.

4. Großzügigkeit

Man steht als Lehrer im Fremdsprachenunterricht immer wieder vor der Situation, daß der Lernende ein ihm unbekanntes Wort erst ‚ganz genau wissen' möchte, bevor er bereit ist weiterzulesen. Diese Übergenauigkeit hat ihre Ursachen wahrscheinlich in der weitverbreiteten Praxis, daß eine Schülerantwort generell falsch ist, wenn sie von der vom Lehrer erwarteten abweicht, und man den Lernenden diesen Fehler – wie auch immer – als unangenehm empfinden läßt. Hat das in den Bereichen der Mathematik und Naturwissenschaften wohl oft seine Berechtigung, so wird doch in zahlreichen anderen Problemkreisen das Lernen dadurch auf ‚genau wissen' reduziert und schöpferisches Suchen unterdrückt.

Wie wir gesehen haben, läßt sich das unbekannte Wort durch die Prämissen in seiner Bedeutung zwar mehr oder weniger stark eingrenzen, aber wohl nur in den wenigsten Fällen eindeutig bestimmen. Ein Lerner, der sich auf ‚absolute Sicherheit' orientiert, wird stets auf das Wörterbuch zurückgreifen. Kontextuelles Erschließen mit Hilfe der Prämissen bedeutet also auch die Bereitschaft zu einer gewissen Großzügigkeit, ein Loslösen vom isolierten Wort und seiner isolierten Bedeutung zugunsten des Erfassens ganzheitlicher Strukturen. Er muß bezüglich der Bedeutung des neuen Wortes zunächst Ungenauigkeiten, ungesicherte Annahmen akzeptieren, eine Hypothese bilden und im Wechselspiel mit dem vorangegangenen Kontext bzw. beim Weiterlesen mit dem folgenden die Hypothese prüfen und bestätigen, korrigieren oder verwerfen.

Diese sogenannte ‚Großzügigkeit' im Sinne des vorläufigen, bewußten Akzeptierens einer noch nicht völlig verstandenen Bedeutung – und damit deutlich abgegrenzt von ‚Oberflächlichkeit' – ist eine Voraussetzung zur weiteren bewußten Analyse nachfolgender sprachlicher Informationen. Denn „was einmal ‚verstanden' worden ist, braucht durch weiteren Vergleich … nicht mehr korrigiert zu werden." Es entsteht „ein in sich befriedigender Zustand, dessen Erreichen ganz dazu angetan ist, jede weitere Verarbeitung … auszuschalten." (HÖRMANN, 1978, S. 480) Und das ist im Leseprozeß nicht immer gut.

Zu den lernerabhängigen Einflußfaktoren gehören weiterhin die ‚Verallgemeinerungsfähigkeit', die ‚Urteilsfähigkeit', die ‚Fähigkeit zum Vergleich, zur Analyse, zur Synthese und zur Abstraktion', die ‚Fähigkeit des Systematisierens, Differenzierens und Integrierens', die ‚Fähigkeit, Strukturen zu erfassen' u.a.m.

Wir sind sicher, daß unsere Beispiele erkennen lassen, um welch einen komplexen Prozeß es sich beim kontextuellen Erschließen allein von Seiten der kognitiven Tätigkeiten des Lerners handelt. Es ist daher erforderlich, dem Lerner und auch dem Lehrer eine Strategie anzubieten, die diese Komplexität reduziert. Unsere bewußte Suche und Nutzung von Prämissen kann eine solche Strategie darstellen, getragen von der Angewandten Fremdsprachenpsychologie, von der im folgenden Abschnitt dieses Kapitels die Rede sein wird.

Strategien wollen wir dabei verstehen als bewußte Verfahrensweisen des Lerners, die von ihm zielgerichtet angewendet werden können, frei wählbar und in gewissen Grenzen manipulierbar und damit grundsätzlich lehr- und lernbar sind. (ESSER / NOWAK, 1985) Es sind Verhaltenspläne, die im Verlaufe eines Informationsverarbeitungsprozesses angeben, welche Entscheidungen zu treffen sind (RÜPPEL / RÜSCHSTROER, 1984). Eine Strategie in diesem Sinne als Entscheidungsregel kann, muß aber nicht an die Form eines Algorithmus gebunden sein. Darauf wird im Kapitel 7 nochmals eingegangen.

Angewandte Fremdsprachenpsychologie

Die angewandte Fremdsprachenpsychologie untersucht unter Einbeziehung allgemeiner fremdsprachenpsychologischer Erkenntnisse spezielle Probleme, die sich mit der Aneignung einer Fremdsprache und dem Umgang mit ihr beschäftigen.

Ihre Ziele sind einmal die Bereitstellung von Erkenntnissen fremdsprachenpsychologischer Relevanz für die an der Fremdsprachenforschung beteiligten Disziplinen, insbesondere die Fremdsprachendidaktik und Fremdsprachenmethodik, zum anderen die Aufbereitung der Grundlagenforschung für den praktischen Gebrauch einer Fremdsprache, z.b. im Fremdsprachenunterricht oder beim Übersetzen.

Die Inhalte der Angewandten Fremdsprachenpsychologie lassen sich durch folgende Gedanken umreißen:
– Im Mittelpunkt steht die Annahme, daß in jeder fremdsprachigen Lernsituation deren Komplexität angemessen reduziert werden muß.
– Dafür werden bestimmte wesentliche Merkmale aufgezeigt, die lehr- und lernerleichternd wirken.
– Durch fremdsprachliches Handeln seitens der Lehrer und Lerner werden solche Merkmale erkannt und genutzt.

Hieraus wird als **Grundthese** abgeleitet:

Der Lernerfolg ist abhängig von der eigenständigen Suche und Nutzung lernerleichternder Merkmale.

Daraus wiederum läßt sich eine Vorgehensweise der Angewandten Fremdsprachenpsychologie mit den folgenden Schritten entwickeln:
– Erkennen und Bewerten von Schwierigkeiten im fremdsprachlichen Handeln auf Grund fehlender Lösungen, Hypothesen oder Strategien.
– Ermittlung von Merkmalen zur Komplexitätsreduzierung und Lernerleichterung.
– Entwicklung von Trainingsverfahren für die systematische Ausprägung bestimmter Fähigkeiten zur bewußten Nutzung dieser Merkmale.
– Vermittlung und Einsatz dieser Trainingsverfahren durch systematische Lehreraus- und -weiterbildung.

Wir wollen es mit diesem kurzen Abriß bewenden lassen, mehr darüber finden Sie in MATZ / TESCHNER / WEISE, 1988, S. 224-230. Dennoch haben Sie bestimmt sofort festgestellt, daß es sich bei unseren Prämissen um komplexitätsreduzierende und lernerleichternde Merkmale im Sinne der Angewandten Fremdsprachenpsychologie handelt. Der Lernende bekommt durch die bewußte Suche nach Prämissen und dem damit verbundenen Aufspüren semantischer Merkmalsbeziehungen einen konkreten, überschaubaren Weg gewiesen, der die Kompliziertheit der allgemeinen Erschließungsaufgabe reduziert. Eine Aufforderung der Form (ob in der Trainingsphase in einer dem Sprachstand angemessenen Form vom Lehrer aus oder ob in der Anwendungsphase vom Lerner sich selbst gestellt)

Suche Prämissen zum unbekannten Wort,

untersuche die semantischen Zusammenhänge zwischen ihnen,

nutze diese zur Bedeutungserschließung!

ist (nach entsprechendem Training) für den Lerner zweifellos überschaubar, zielgerichtet anwendbar, verständlich. Sie stellt kurzum die Ausführung der Aufgabe als weniger kompliziert und komplex dar als etwa

Erschließe die Bedeutung aus dem Sinnzusammenhang!,

wie man es ohne näheren Kommentar in methodischen Lehrbüchern findet.

Darüber hinaus läßt sich leicht nachvollziehen, wie sich die Prämissenkonzeption in ihrer Gesamtheit an der Angewandten Fremdsprachenpsychologie orientiert. Wir waren von Schwierigkeiten in der praktischen Unterrichtsarbeit ausgegangen, die dem Erschließen der Bedeutung unbekannter lexikalischer Einheiten aus dem sprachlichen Kontext anhaften, und hatten nach Lösungen und Strategien gefragt. Das kontextuelle Erschließen hatten wir als komplexen Prozeß erkannt und mit den Prämissen die entsprechenden Merkmale gefunden. Auch ein Trainingsverfahren war entwickelt worden; wir werden es in den nächsten Kapiteln vorstellen.

Nur ein Punkt ist bei alledem noch offengeblieben, die Bestätigung des in der Grundthese dargelegten Lernerfolgs.

Dazu konnte mit Hilfe zahlreicher Experimente folgende Hypothese aufgestellt und mit hoher Signifikanz bestätigt werden:

Die Kenntnis der Existenz der Prämissen und ihrer Nutzungsmöglichkeiten beim Erschließen führt zu besseren Erschließungsleistungen. Daraus folgt, daß Lerner, die über Existenz und Nutzung der Prämissen unterrichtet und die entsprechend trainiert wurden, bessere Erschließungsleistungen vorweisen können. (Röhr, 1991)

Vgl. dazu auch Kapitel 8!

Aus den ausgewählten Darstellungen bestimmter theoretischer Hintergründe geht deutlich hervor, daß die Wirksamkeit der Arbeit mit Prämissen, besonders das bewußte Suchen nach den Prämissen und ihre Nutzung, weit über das kontextuelle Erschließen hinausgeht. Das liegt unter anderem darin begründet, daß beispielsweise die meisten der lernerabhängigen Einflußfaktoren nicht nur Voraussetzung für ein erfolgreiches Erschließen aus dem Kontext auf der Basis der Prämissenkonzeption sind. Die Arbeit mit Prämissen unterstützt und fördert umgekehrt auch die Herausbildung dieser kognitiven Fähigkeiten und Eigenschaften und eröffnet damit weitere Potenzen für den gesamten Fremdsprachenunterricht. An verschiedenen Stellen ließen wir diese Möglichkeiten schon anklingen. Wir wollen hier noch einmal zusammenfassen, in welchen Bereichen die bewußte Suche nach Prämissen von entscheidendem oder unterstützendem bzw. förderndem Einfluß sein kann, wenn der Lehrer diese Möglichkeiten gezielt ausnutzt:

– Die Erschließung der Bedeutung lexikalischer Einheiten dann, wenn man damit schneller und rationeller zum Ziel kommt als mit anderen Semantisierungsmöglichkeiten oder wo diese versagen.

– Die Förderung und Beschleunigung des Übergangs von einer additiv-elementaristischen zur ganzheitlichen Textverarbeitung, also Unterstützung der Loslösung vom isolierten Einzelwort im Fremdsprachenunterricht.

– Die Reduzierung der Komplexität einer Sprachhandlung, hier des kontextuellen Erschließens, durch eine Strategie der bewußten Merkmalsuche und -nutzung.

– Die Erhöhung der Selbständigkeit und Eigenständigkeit in der Arbeit des Lerners auf dem Wege zur Herausbildung eines eigenen, individuellen Lernstils.

– Die Fähigkeit, Freude am Entdecken semantischer Zusammenhänge beim Lesen zu empfinden.

– Die Erziehung zur Fähigkeit, Hypothesen zu bilden und sie zu prüfen, zu bestätigen oder abzulehnen und sie zu korrigieren.

– Das Erweitern interkulturellen Wissens durch Erkennen, Aufdecken, Verstehen und Aneignen kulturkreisspezifischer semantischer Zusammenhänge in der Fremdsprache.

Auf einzelne Übungsformen werden wir in den Ausführungen zur praktischen Arbeit im Unterricht, insbesondere im Kapitel 7, noch näher eingehen.

Zusammenfassung

● Textverarbeitungsprozesse
  – Muttersprachler verarbeiten Texte fast immer ganzheitlich. Fremdsprachenlerner gehen erst im Verlaufe des Fremdsprachenerwerbs von einer additiv-elementaristischen Textverarbeitung zu einer ganzheitlichen über.
  – Die Arbeit mit Prämissen erfordert einerseits beim Erschließen eine ganzheitliche Textverarbeitung, andererseits fördert sie ihre Herausbildung.
● Lernerabhängige Einflußfaktoren
  – Der Erschließungsprozeß wird durch zahlreiche der unterschiedlichsten Eigenschaften und kognitiven Voraussetzungen des Lerners beeinflußt.
  – Beispiele für lernerabhängige Einflußfaktoren sind Assoziationsfähigkeit, Wissen, Lernbereitschaft, Motivation, Großzügigkeit, Strukturerfassung, ..., die Voraussetzung für die Arbeit mit Prämissen sind, durch diese aber wiederum weiterentwickelt werden.
● Angewandte Fremdsprachenpsychologie
  – Die Grundthese der Angewandten Fremdsprachenpsychologie besagt, daß der Lernerfolg abhängig ist von der eigenständigen Suche und Nutzung lernerleichternder Merkmale. Prämissen sind Merkmale in diesem Sinne.

5. Instruktion und Training

Wir hatten uns zu Beginn die Frage gestellt, wie man den deutschlernenden Ausländer befähigen kann, Schwierigkeiten beim Erschließen aus dem sprachlichen Kontext zu überwinden. Mit der Prämissenkonzeption haben wir einen Weg gefunden, dem Lerner eine Vorgehensweise zu vermitteln, die er lernen, trainieren und schließlich selbständig anwenden kann. Die bewußte Suche nach Prämissen und ihre Nutzung beim Erschließen sollte in einem Trainingsprogramm erlernt und geübt werden. Unter Trainingsprogramm ist nicht unbedingt nur ein starres Übungssystem zu verstehen, sondern unter Umständen auch eine lose Folge von Übungsvorschlägen, die dem Lehrer vielfältige Variations- und Erweiterungsmöglichkeiten gestattet. Aber es soll bestimmten Grundsätzen genügen und ein systemloses, zufälliges, ungeordnetes Vermitteln und Üben ausschließen.

Wir wollen uns zunächst mit diesen Grundsätzen für Instruktion und Training beschäftigen, wollen sie ganz allgemein formulieren und kommentieren, so daß sie dem Lehrer auch außerhalb der Problematik des kontextuellen Erschließens von Nutzen sein können.

Lehren ist – wenn es sich nicht auf formale Mitteilung von Fakten bei weitgehender Inaktivität des Lerners beschränkt – sehr eng mit Instruktion und Training verbunden. Dabei wollen wir Instruktionen als sprachlich vermittelte Anweisungen, Hinweise und Anregungen auffassen, die bestimmte Denk- und Aneignungsprozesse herausbilden und fördern sollen (vgl. KEIL, 1988, S. 157). Trainingsverfahren hingegen sind Vermittlungstechniken, die das planmäßige, wiederholte gedankliche, vorstellungsmäßige und praktische Ausführen von Tätigkeiten und Operationen beinhalten, die die erforderlichen Leistungsvoraussetzungen entwickeln (vgl. RÜHLE, 1988, S. 13).

Nun gibt es allgemein eine sehr große Anzahl der verschiedensten Methoden der Instruktion und des Trainings, die in den unterschiedlichsten Bereichen ihre Anwendung finden, natürlich auch solche für den Sprachunterricht, die jeder Lehrer fast täglich in seiner Unterrichtsarbeit praktiziert.

Was versteht man unter Instruktion und Training?
Auf die Arbeit des Sprachlehrers bezogen, könnte man sehr vereinfacht folgendes sagen:
Instruktionen vermitteln Kenntnisse über Verfahrensweisen in bezug auf das Sprachwissen. Training bedeutet die Anwendung dieser Verfahrensweisen und das damit verbundene Üben.

(22) Der Lehrer instruiert beispielsweise den Lerner, wie deutsche Haupt- und Nebensätze unter Berücksichtigung der Stellung der konjugierten Verbform zu bilden und zu unterscheiden sind. Dann wird die korrekte Bildung und Unterscheidung dieser Satzform geübt, d.h. trainiert, um den Lerner zu sprachlich korrektem Handeln zu befähigen.

Doch dabei gibt es wieder zahllose Varianten, vom dozierenden Erklären bis zum selbständigen Erkennen der Gesetzmäßigkeiten, von formalen Reihenübungen bis zum Üben in praxisnahen Situationen, die wohl jeder Lehrer parat hat. Für unser Problem des kontextuellen Erschließens haben wir eine Trainingsform gewählt, die einem ‚selektiven kognitiven Selbstbelehrungstraining' nahekommt und die Instruktion als integrierten Bestandteil beinhaltet.

'Kognitiv' bedeutet, daß der Schwerpunkt des Lehrens und Lernens auf leistungsbestimmenden Denkvorgängen und deren Resultaten im Gedächtnis liegt, nicht aber auf Perfektionierung und Vermittlung theoretischer Kenntnisse.

'Selektiv' heißt Auswahl leistungsbestimmender Tätigkeitsteile, auf denen sich auch nicht ausdrücklich Gelerntes aufbauen kann.

'Selbstbelehrung' besagt, der Lernende entdeckt die anzueignenden Inhalte in wachsendem Maße selbst; er lernt zu lernen, indem er seine eigene Lerntätigkeit selbst organisiert. (Vgl. HACKER, 1987)

In diesem Sinne steht die bewußte Suche und Nutzung von Prämissen als leistungsbestimmender Denkvorgang im Mittelpunkt; Theoretisieren wird ebenso wie formales Üben weitgehend vermieden. Durch Anregung zur aktiven Informationssuche, Ermunterung zur selbständigen Strukturierung und Zulassung alternativer Lösungsmöglichkeiten wird dem Lernenden immer wieder Gelegenheit gegeben, neue Zusammenhänge selbst zu erkennen und zu neuen Erkenntnissen zu kommen.

Folgende auf das selektive kognitive Selbstbelehrungstraining bezogene Grundsätze sollten bei der Gestaltung des Trainings weitgehend berücksichtigt werden.

1. Sprachlich vermittelte Instruktionen können nur dann befolgt werden, wenn die Lernenden in der Lage sind, das selbst auszuführen, was man ihnen verbal vermittelt. (vgl. KEIL, 1988, S. 157)
Dabei heißt ‚in der Lage sein', daß sie sowohl zur Ausführung fähig sein, d.h. die notwendigen Voraussetzungen haben müssen, aber auch Gelegenheit zur Ausführung bekommen müssen.
Dieser Grundsatz drückt die didaktische Einheit von Instruktion und Training aus.

(23) Sicher könnten wir es uns als Lehrer gar nicht vorstellen, den Lerner nur zu instruieren, wie z.B. ein fremdsprachiger Text zu konspektieren ist und wie man diesem Konspekt dann wieder Informationen entnehmen kann, ohne den Lernenden diese Tätigkeit auch ausführen zu lassen. Hat der Lernende aber auch das Sachwissen für das inhaltliche Verstehen des Textes, das Sprachwissen für das Sprachverstehen und die kognitiven Voraussetzungen für das Konspektieren? Diese Fragen werden leider oft übersehen.

Die für das kontextuelle Erschließen nötigen Voraussetzungen sind im Kapitel 4 als lernerabhängige Einflußfaktoren beschrieben worden.

2. Eine Instruktion ist um so wirkungsvoller, je enger die verbale Vermittlung und die praktische Ausführung miteinander verknüpft werden.
Daraus folgt einmal, daß zwischen dem Erklären einer Tätigkeit und deren Üben und Trainieren nur eine möglichst kurze Zeitspanne liegen sollte, denn Informationen, die Instruktionen enthalten, können im allgemeinen nicht wie Sachwissen beliebig sy-

stematisch gespeichert und bei Bedarf abgerufen werden. Andererseits muß sich die Erklärung sehr konkret auf die darauf folgende Anwendung beziehen. Sie darf nicht so abstrakt oder allgemein sein, daß der Lerner Mühe hat, die Instruktion auf das Anwendungsbeispiel zu übertragen.

(24) Kein Lehrer würde wohl auf die Idee kommen, eine grammatische Erscheinung, etwa die Deklination des Adjektivs, in vom konkreten Wortschatz losgelöster Weise zu vermitteln, indem er beispielsweise nur die Endungen angibt, und dann – vielleicht gar erst am nächsten Tag – vom Lerner eine richtige Anwendung in Sätzen fordern. Andererseits könnte man sich aber z.b. bei der Wortschatzvermittlung häufiger eine größere Nähe zwischen der Arbeit am isolierten Einzelwort und seiner Anwendung in verschiedenen Kontexten wünschen.

In unserem Trainingsprogramm haben wir versucht, Instruktion und Training zeitlich und inhaltlich zu integrieren, d.h. die Aneignung erfolgt beim Üben.

3. Eine Vereinfachung der Instruktion (d.i. sowohl eine Vereinfachung des Inhalts als auch eine Verringerung des Umfangs), die die Ausführung einer Tätigkeit betrifft, ist von wesentlich größerer Wirkung als eine Vereinfachung, die sich auf die verbale Erklärung dieser Tätigkeit bezieht. Das heißt insbesondere, Beispiele sind wirksamer als vereinfachte Erklärungen (vgl. KEIL, 1988, S. 162).

Ein Beispiel ist schon deshalb ‚an sich' eine Vereinfachung, da es nur einen speziellen Fall ausdrückt, andererseits in sich durch seine Problemstellung einen Teil der Instruktion in einfacher Weise darstellt. Versucht man hingegen, die verbalen Anleitungen zu vereinfachen, so überschreitet man oft sehr schnell ein vertretbares Maß der stets damit einhergehenden Unexaktheit und Oberflächlichkeit. „Die angemessene Sprache zur Beschreibung einer Durchführung ist die Durchführung selbst." (KEIL, 1988, S. 167)

(25) Wollen Sie die Bedienung eines Computers erlernen, so empfinden Sie es bestimmt als einfacher und wirkungsvoller, wenn Ihnen die einzelnen Schritte zur Lösung einer bestimmten Aufgabengruppe in einem Beispiel angegeben werden, das Sie auch unmittelbar (gemäß Grundsatz 2!) ‚durchspielen' können. Eine Instruktion, die die Schritte nur ganz allgemein aufzählt, fände sicher weniger Anklang, da sie als schwieriger empfunden wird.

In unserem Trainingsprogramm stehen daher verbale Erläuterungen im Hintergrund (es wird z.b. auch nur sehr wenig neue Lexik eingeführt, die den Prozeß des Erschließens betrifft). Über zahlreiche Beispiele und Übungen wird erst ein bestimmter Beherrschungsgrad erreicht, an den sich dann Bewußtmachung und Verallgemeinerungen anschließen, aber immer in Beispiele eingebunden und nicht in Form längerer Erläuterungen oder Handlungsvorschriften.

4. Der objektive Handlungsspielraum ist optimal (nicht maximal) auszuschöpfen, d.h., Über- und Unterforderungen sowie Vereinseitigungen sind zu vermeiden, und es ist ein ausreichender Spielraum für die selbständige Entwicklung flexibler Vorgehensweisen zu schaffen (vgl. RÜHLE, 1988, S. 29).
Zu kleine Handlungsspielräume können einerseits zu einer verminderten Lern-

bereitschaft führen, eine zu starke kognitive Unterlegung der Tätigkeit kann die Herausbildung von Fähigkeiten behindern.

(26) Betrachten wir einmal das Problem der Vermittlung und Übung der Konjugation der Verben im Anfangsunterricht. Die Vermittlung nur jeweils einer Konjugationsform (z.B. 3. Person Singular Präsens Aktiv der regelmäßigen Verben) und deren langatmige, drillmäßige Übung ohne Wechsel zu anderen Konjugationsformen bedeutet einen zu geringen Handlungsspielraum mit seinen negativen Auswirkungen wie Unterforderung, Langeweile und Interessenlosigkeit. Das andere Extrem wäre die Vermittlung und Übung aller Konjugationsformen aller Verbklassen gleichzeitig. Dieser maximale Handlungsspielraum besitzt ebenfalls negative Wirkungen; die Lernenden sind überfordert und verlieren die Übersicht. Hier heißt es also, zwar einige Konjugationsformen gleichzeitig zu vermitteln und zu üben, damit der Lerner mehrere Möglichkeiten nebeneinander zu bearbeiten hat, aber nicht verwirrend viele.

Für unser Trainingsprogramm bedeutet das, zwar z.b. zur bewußten Prämissensuche anzuregen, aber nicht auf vollständiges Erfassen aller Prämissen zu orientieren und deren ausführliche, einheitliche Bewertung durch den Lerner. Ihm soll Handlungsspielraum bleiben, wie viele und welche Prämissen er heranzieht. Das heißt, daß möglichst wenig reglementiert wird und gefundene Prämissen nur in extremen Fällen korrigiert oder abgelehnt werden.

Nach diesen vier etwas ausführlicher besprochenen Grundsätzen wollen wir einige weitere nur aufzählen, ohne damit eine Wertung vornehmen zu wollen:

5. Die aktive und schöpferische Teilnahme des Lerners am Trainingsablauf wirkt persönlichkeitsfördernd.

6. Für individuell unterschiedliche Arbeitsweisen muß ein angemessener Spielraum vorhanden sein.

7. Unmittelbare Rückmeldungen sind Voraussetzungen für einen erfolgreichen Lernprozeß.

8. Gruppentraining ist dem Individualtraining vorzuziehen.

9. Die angebotenen Schwierigkeiten sind so zu gestalten und zu steigern, daß dem Lerner stets das Gefühl gegeben ist, die Aufgabe bewältigen zu können.

10. Das Training muß vom Lerner als nützlich und hilfreich beim Fremdsprachenerwerb empfunden werden.

Es ließen sich noch zahlreiche weitere, nicht weniger wichtige Grundsätze aus verschiedenen Sichtweisen hinzufügen.

Abschließend einige Aufgaben, die Sie vor allem auf der Grundlage Ihres praktischen Erfahrungsschatzes selbst lösen sollen.

(27) Lösen Sie folgende Aufgaben bzw. beantworten Sie die Fragen!

1. Versuchen Sie, die Grundsätze 5. bis 10. zu erläutern bzw. zu kommentieren und ein Beispiel dazu aus Ihrem Erfahrungsbereich zu finden!
2. Wie schätzen Sie die genannten zehn Grundsätze jeweils bezüglich ihrer Wichtigkeit beim kontextuellen Erschließen ein? Könnten Sie eine Rangfolge notieren, beginnend mit dem wichtigsten Grundsatz? Versuchen Sie, Ihre Anordnung verbal zu begründen! Welche Grundsätze müßten Ihrer Meinung nach unbedingt beachtet werden?
3. Überlegen Sie weitere Grundsätze, die Sie beim Aufstellen eines Trainingsprogramms zum kontextuellen Erschließen unbedingt beachten oder nur empfehlen würden!

Bitte lesen Sie die Anmerkung (6) Seite 103/104!

(28) Die folgenden Aufgaben können Sie erst während oder nach Durcharbeitung des Kapitels 6 lösen. Wir wollen sie Ihnen aber bereits jetzt stellen, so daß Sie beim Weiterlesen darauf achten können.

1. In welcher Form wurde den Grundsätzen in den einzelnen Übungskomplexen des Trainingsprogramms Rechnung getragen? Versuchen Sie eine ausführliche verbale Kommentierung!
2. Welche Veränderung oder Verbesserung könnten Sie diesbezüglich vorschlagen?

Zusammenfassung

● Für das kontextuelle Erschließen wurde ein Trainingsverfahren entwickelt, das einem selektiven kognitiven Selbstbelehrungstraining nahekommt und die Instruktionen als integrierten Bestandteil beinhaltet.
● Bei der Gestaltung wurden bestimmte, auf das selektive kognitive Selbstbelehrungstraining bezogene Grundsätze berücksichtigt.

6. Ein Trainingsprogramm

Im folgenden wollen wir nun unser Trainingsprogramm zum kontextuellen Erschließen vorstellen und Hinweise für seine Nutzung in der praktischen Unterrichtsarbeit geben. Es ist nicht zu vermeiden, daß ein solches konkretes Programm mit ausgearbeiteten Übungen hinsichtlich Inhalt und Einsatzmöglichkeiten gewissen Einschränkungen unterliegt. Die wichtigsten sind:
– Das Programm wurde für das Fach ‚Deutsch als Fremdsprache‘ entwickelt. In diesem Fach hat es in zahlreichen Untersuchungen seine Wirksamkeit für die Erhöhung und Verbesserung der Erschließungsleistung unter Beweis gestellt (vgl. Kapitel 8).
– Das Programm entspricht (bezüglich der unbekannten, zu erschließenden und der bekannten, als Prämissen nutzbaren Lexik sowie bezüglich der grammatischen und syntaktischen Erscheinungen) dem Sprachstand ausländischer Studierender ohne Vorkenntnisse nach etwa sechs Wochen Intensivunterricht am Herder-Institut.
– Die zu erschließende Lexik besteht nur aus konkreten Substantiven.
– Die Sachverhalte der Texte sind dem Lerner im allgemeinen bekannt, wenn man von vereinzelt möglichen kulturkreisbedingten fehlenden Informationen absieht.

Diese Einschränkungen machen es Ihnen wohl nur in Ausnahmefällen möglich, das Programm und seine Übungen direkt und unverändert zu übernehmen und einzusetzen. Doch das ist ja auch nicht unser Anliegen.
Die konkreten Übungen dienen eigentlich nur der Illustration des Übungsprinzips, und Sie werden beim Durcharbeiten schnell feststellen, daß es zusammen mit den vielfältigen Anmerkungen für Sie keine Schwierigkeit darstellen wird, eine Übertragung auf ‚Ihre‘ Fremdsprache und das Sprachniveau Ihrer Lerner vorzunehmen. Diese schöpferische Umsetzung wird Ihnen im Gegenteil mehr Spaß machen und mehr Befriedigung einbringen als eine einfache Übernahme fertiger Übungen. Damit öffnet sich Ihnen auch ein Weg, selbständig neue Ideen zu entwickeln, sie praktisch umzusetzen und in kleineren oder größeren Untersuchungen deren Wirksamkeit zu bestätigen, wozu wir Ihnen im Kapitel 8 einige Hinweise geben wollen.

Die Darstellung der Übungen in einem geschlossenen Trainingsprogramm zwingt Sie aber nun keinesfalls, sie auch in dieser Form einzusetzen. Sie können ohne weiteres, sei es nun aus unterrichtsorganisatorischen Gründen oder aus Ihren methodischen Überlegungen heraus, die einzelnen Übungsformen aus dem Programm herauslösen und einzeln an geeigneten Stellen in den Unterricht einbauen. Ergänzende und über das Trainingsprogramm hinausgehende Übungsideen stellen wir Ihnen dann im Kapitel 7 vor.

Unser Trainingsprogramm enthält folgende Übungskomplexe:
1. Übungen zum Erfassen von Zusammengehörendem
2. Übungen zum logischen Bearbeiten
3. Übungen zur Prämissenauswahl

4. Übungen zur Prämissenbildung
5. Übungen zur Prämissensuche aus Texten
6. Übungen zum Erschließen unbekannter lexikalischer Einheiten aus dem Kontext

Innerhalb dieser Übungskomplexe wird dem Lerner das nötige Wissen zu den Prämissen und ihrer bewußten Suche nach Nutzung an geeigneten Stellen vermittelt; dazu gehören z.B. die Erläuterung des Begriffs Prämisse, ihre Anordnungsprinzipien und ihre Qualität. Mehrere Übungen innerhalb eines Komplexes lassen im allgemeinen einen steigenden Schwierigkeitsgrad erkennen.

Spezielle methodische Hinweise finden Sie bei den einzelnen Übungen. Doch man sollte einige allgemeine Gesichtspunkte nicht außer acht lassen:
– Stellen Sie den Lerner in den Mittelpunkt des Trainings! Beschränken Sie sich auf ein Minimum an Informationen, und versuchen Sie, die Diskussion so zu steuern, daß die Lerner möglichst viele Zusammenhänge selbst finden können!
– Wählen Sie eine aufgelockerte Form, die sich vom ‚traditionellen' Unterricht für den Lerner wohltuend abhebt! Fordern Sie Antworten auf Zuruf, spontane Äußerungen, lautes Denken! Lassen Sie das Für und Wider einzelner Prämissen in einer Diskussion zwischen den Lernern selbst erläutern!
– Korrigieren Sie nur in extremen Fällen! Beschränken Sie nicht die subjektiven Auffassungen der Lerner, ob z.B. eine lexikalische Einheit noch eine Prämisse darstellt oder nicht, ob sie stark oder schwach ist! Überlassen Sie nötige Korrekturen der Diskussion in der Lernergruppe!
– Reglementieren Sie nicht! Denken Sie daran, daß nicht der Sachverhalt des speziellen Beispiels gelehrt werden soll, sondern das Verfahren! Und dabei kommt es nicht darauf an, sich über ein spezielles Problem unbedingt einig werden zu müssen. Entscheidend ist letztlich nur die richtig erschlossene Bedeutung des unbekannten Wortes.
– Lassen Sie das Training zum Erlebnis werden, in dem sich Spaß an den Übungen und ihrer freizügigen Diskussion mit der Erkenntnis verbindet, etwas Neues und Nützliches zu erfahren und zu lernen!

Sie haben gewiß schon festgestellt, daß unser Trainingsprogramm ein Programm ist, das im Zusammenwirken zwischen Lehrer und Lerner (möglichst Lernergruppe) abläuft. Es liegt also nicht als geschlossenes Material für den Lerner, etwa als Übungsheft zum Selbststudium vor.

In den einzelnen Komplexen des Trainingsprogramms finden Sie jeweils die folgenden Abschnitte:
– Anliegen der Übungen
– Ablauf der Übungen und methodische Anmerkungen sowie Übungsmaterial
– Kommentare und Hinweise

Dabei benutzen wir für den Lehrer die Abkürzungen L, für den Lerner (Schüler, Studenten) die Abkürzung S.
In den einzelnen Übungskomplexen des Trainingsprogramms wird mit **Folien** und **Arbeitsblättern** gearbeitet, sie enthalten die entsprechenden Beispiele und Übungen. Die im Training erarbeiteten Darstellungen bezeichnen wir im folgenden als **Tafelbild**.

Das
Trainingsprogramm

Einführung

Dem Lerner sollen in einfacher, dem Sprachstand angemessener Form[7]) die Semantisierungsverfahren vorgestellt und das Anliegen der folgenden Übungen erläutert werden.

*

L: „Sie lesen einen Text. Ein Wort kennen Sie nicht. Was machen Sie?"

In den meisten Fällen werden die Lerner an erster Stelle die Benutzung des Wörterbuches angeben.
Der Lehrer erarbeitet gemeinsam mit den Lernern das **Tafelbild 1** (zunächst noch ohne die Angabe ‚Kontext'[8])).

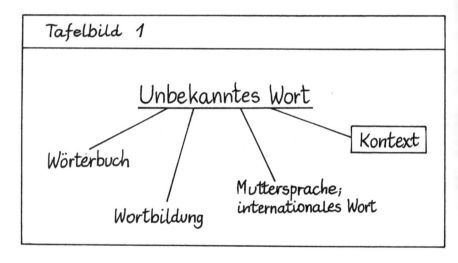

Dann illustriert er die entsprechenden Semantisierungsmöglichkeiten mit den **Beispielen 1 – 3** auf der **Folie 1**. (Folie 1 s. S. 43)

Die Erschließung aus dem Kontext ist dem Lerner in expliziter Form im allgemeinen wenig bekannt oder nicht geläufig. Der Lehrer weist auf diese weitere Möglichkeit hin, die die Lerner in den folgenden Übungen kennenlernen und üben, und ergänzt das Wort ‚Kontext' im Tafelbild 1.

---

[7] Im Trainingsprogramm ist das der Anfängerunterricht.
[8] Das gilt natürlich nicht, wenn aus der Lernergruppe schon ein Hinweis auf die Nutzung des Kontextes kommt. Dann muß der Lehrer entsprechend variieren.

__Wörterbuch__ :	Sie müssen sich für das Studium unbedingt __Reißzeug__ kaufen.
__Wortbildung__ :	Bitte holen Sie die __Weinflasche__!
__Muttersprache, internationales Wort__ :	Der Arzt gibt dem Patienten eine __Injektion__.

*

Diese Einführung kann allerdings nach eigenem Ermessen weggelassen werden. Auf ein Nachdenken darüber, ob das unbekannte Wort für das Textverständnis bzw. die Leseaufgabe überhaupt wichtig ist oder vom Lerner unerschlossen übergangen werden kann, wollen wir an dieser Stelle verzichten. Diese Frage gehört nicht zu unserem Anliegen und spielt im Anfängerunterricht im allgemeinen keine Rolle.

1. Übungskomplex

Diese Übungen zur Zusammengehörigkeit sollen als eine erste Vorbereitung auf die Prämissenproblematik den Lerner dafür sensibilisieren, daß zwischen bestimmten lexikalischen Einheiten Beziehungen bestehen.

*

L: „Sehen Sie / Lesen Sie! Beantworten Sie die Frage!"

In diesem Komplex unterscheiden wir drei Übungsteile.

Übungsteil 1

Begonnen wird mit den **Beispielen 4 und 5** auf den **Folien 2 und 3.**

Die Bilder sollen dem Lerner lediglich einen einfachen und das Interesse vordergründig weckenden Einstieg ermöglichen.
Der Lehrer fordert die Antworten durch Zuruf der neben den Bildern stehenden Buchstaben ab, da die Lexik im allgemeinen noch unbekannt ist.

(Folie 2 und 3 s. S. 44)

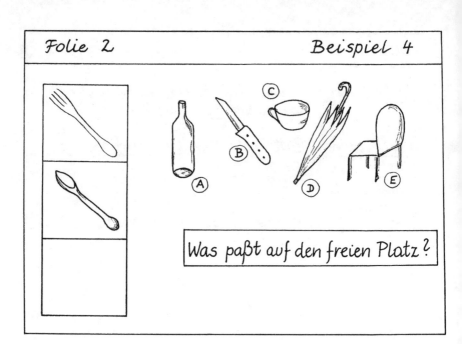

Folie 2 — Beispiel 4

Was paßt auf den freien Platz?

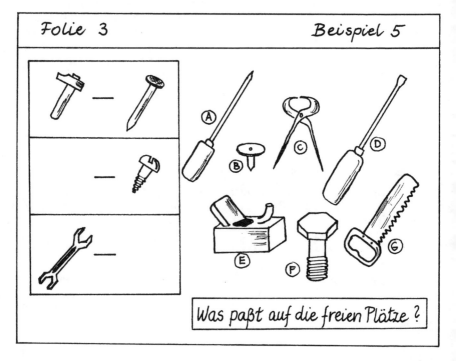

Folie 3 — Beispiel 5

Was paßt auf die freien Plätze?

Folie 4	Beispiel 6

Tisch	Lampe
Bett	Regal
Stuhl	

Ⓐ Kino
Ⓑ Sessel
Ⓒ Hut
Ⓓ Peter
Ⓔ Geld
Ⓕ Mantel

Welches Wort paßt
auf den freien Platz?

Folie 5	Beispiel 7

Universität	
Kino	Rathaus
	Schule
Institut	Museum

Ⓐ Ausstellung
Ⓑ Theater
Ⓒ Raum
Ⓓ Sommer
Ⓔ Vorlesung
Ⓕ Sport
Ⓖ Kaufhaus
Ⓗ Konzert
Ⓘ Unterricht
Ⓙ Film

Welche Wörter passen
auf die freien Plätze?

Bei den **Beispielen 6 und 7** muß der Lerner zuerst erkennen, auf welchen Relationen die Zusammengehörigkeit der im Schema vorgegebenen Wörter beruht, bevor er ein richtiges von den angebotenen Lösungswörtern einsetzen kann.

Auch hier sollten die Antworten durch Zuruf abgefordert und in besonderen Fällen zur Diskussion gestellt werden.

Übungsteil 3

Das **Arbeitsblatt 1** mit den **Beispielen 8 – 11** wiederholt den **Übungsteil 2**, wobei allerdings keine Lösungswörter angeboten, sondern diese selbst gefunden werden müssen.

Arbeitsblatt 1

Welche Wörter passen auf die freien Plätze?

Beispiel 8   Beispiel 9

| Mathematik |
| Chemie |
| Biologie |
| |

| lesen |
| schreiben |
| hören |
| |

Beispiel 10   Beispiel 11

| Arzt |
| Fieber messen |
| Krankenschwester |
| |
| röntgen |

| Hut |
| |
| Mantel |
| |
| Hose |
| Schuhe |

Nach Ausgabe des Arbeitsblattes sind die Aufgaben schriftlich zu lösen. Anschließend werden die Blätter vom Lehrer sofort wieder eingesammelt, wobei es ihm erfahrungsgemäß ‚so nebenbei' gelingt, besonders ausgefallene Antworten zu erkennen und zur Diskussion zu stellen.

*

Im Beispiel 6 wird relativ problemlos erkannt, daß es sich um Möbel handelt, und es erfolgt die richtige Antwort ‚Sessel'.

Wird im Beispiel 7 das Zusammengehörigkeitsprinzip ‚Gebäude' erfaßt, sind die richtigen Antworten ‚Theater' und ‚Kaufhaus' leicht zu geben. Es kommt allerdings auch häufig zu Fehlleistungen, indem z.b. die Antworten ‚Vorlesung' und ‚Unterricht' als zu ‚Universität' und ‚Schüler' gehörig genannt werden. Nach diesem Zusammengehörigkeitsprinzip müßte aber z.b. dem ‚Kino' der ‚Film' und dem ‚Museum' die ‚Ausstellung' zugeordnet sein, was nicht der Fall ist.

Die Beispiele des Arbeitsblattes 1 ergeben im allgemeinen keine Schwierigkeiten, sie dienen nur dazu, alle Lernenden zum aktiven Handeln zu bringen.
Die Übungen erfordern insgesamt nur eine sehr kurze Zeit, bei Bedarf jedoch kann der Lehrer leicht weitere Beispiel bilden und einfügen.

2. Übungskomplex

Mit diesen Übungen als eine zweite Vorbereitung auf die Prämissenproblematik soll der Lerner die Zusammenhänge zwischen lexikalischen Einheiten bzw. Kontext und Situationsmodell durch ein logisches Vorgehen herausarbeiten.
Das Situationsmodell wird durch ein Bild dargestellt.

*

<u>Übungsteil 1</u>

Der Lehrer zeigt zunächst nur Teil A der jeweiligen Folie.

L: „Sehen Sie, und lesen Sie!"

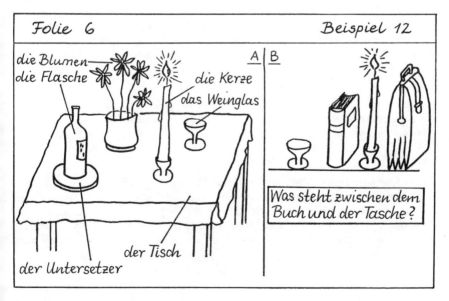

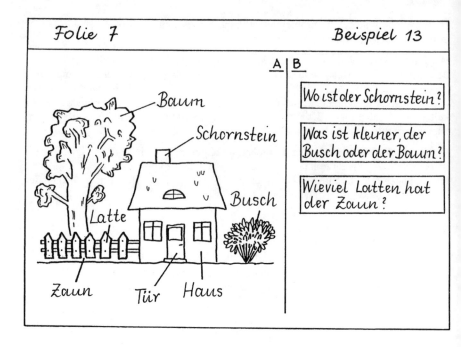

Der Lerner betrachtet das Bild und liest still die Wörter bzw. den Text.
Der Lehrer zeigt nun Teil B der jeweiligen Folie, wobei Teil A sichtbar bleibt.
Der Lerner beantwortet die Frage.

In unserem konkreten Beispiel – siehe **Folie 6** mit **Beispiel 12** und **Folie 7** mit **Beispiel 13** – gehen wir davon aus, daß den Lernern die Wörter ‚Kerze‘, ‚Schornstein‘, ‚Busch‘, ‚Latte‘ und ‚Zaun‘ u n b e k a n n t sind, sie sich ihre Bedeutung also aus dem Bild erarbeiten müssen, um die Fragen beantworten zu können.

Falls Sie sich selbst analoge Übungen ausarbeiten wollen, achten Sie darauf, daß der Lerner die erfragten Wörter tatsächlich nicht kennt; wählen Sie ruhig für den Lerner ‚ausgefallene‘ oder seltene Lexik, sie soll ja nicht gelernt und behalten werden, sondern dient nur dem Üben.

<u>Übungsteil 2</u>

Dieser Übungsteil mit den **Beispielen 14 und 15** auf den **Folien 8 und 9** stellt wesentlich höhere Anforderungen an den Lernenden. Auch hier m ü s s e n die erfragten Wörter unbekannt sein, in unseren Beispielen sind das ‚Schlips‘, ‚Ball‘, ‚Kästchen‘ und ‚Teddybär‘. Voraussetzungen für die Beantwortung der Fragen ist aber ein gleichzeitiges logisches Durcharbeiten des Textes und der durch das Bild dargestellten Situation.

Folie 8 — Beispiel 14

Unter dem Tisch stehen Schuhe. Am Tisch steht ein Besen. Auf dem Tisch liegen ein Buch und ein Schlips. Am Stuhl hängt ein Schirm.

A
B

Frau Stein   Herr Stein   Herr Pohl   Peter   Uta

Wer trägt einen Schlips?

Folie 9 — Beispiel 15

A | B

Wieviel Kästchen, Teddybären, Bälle, Taschen und Schirme hat Uta?

Das ist Utas Zimmer. Auf dem Tisch steht ein Kästchen, auf dem Stuhl sitzt ein Teddybär, und unter dem Tisch liegt ein Ball.

Vollziehen wir die Übung im Beispiel 15 einmal teilweise nach:
Auf dem Bett steht ein <Kästchen>, auf dem Stuhl sitzt ein <Teddybär> ...

Da der Lerner das Wort ‚Tasche' kennt, kann ein <Kästchen> nur ⬚ oder ⬚

sein. Nun befindet sich aber ⬚ auf dem Stuhl, ist also der ‚Teddybär'. Damit bleibt

für <Kästchen> ⬚. Die Bedeutung ist gefunden, zur Beantwortung der Frage müssen die Gegenstände nur noch gezählt werden.

Mit Recht werden diese Übungen an bestimmte Arten von Rätseln, z.b. Kreuzworträtsel oder Denksportaufgaben, erinnern. Aber ist die Aufgabe der Bedeutungserschließung im weitesten Sinn nicht auch ein Rätsel?

3. Übungskomplex

Der Lerner wird mit dem Begriff ‚Prämisse' vertraut gemacht, und es erfolgen einfache Übungen zur Prämissenauswahl aus einem vorgegebenen Angebot.

*

Übungsteil 1

Der Lehrer liest den folgenden Text vor:
„Peter will jetzt Mathematikhausaufgaben machen. Er soll eine Gerade und einen Kreis zeichnen. Dazu braucht er einen Bleistift, ein Lineal und einen Zirkel. Die Gerade zeichnet er mit dem Lineal, den Kreis zeichnet er mit dem Zirkel."

Da wir davon ausgehen wollen, daß alle Wörter des Textes bekannt sind, sollte sich der Lehrer das noch einmal von allen Lernern bestätigen lassen. Anderenfalls müssen besonders die Schlüsselwörter ‚Gerade', ‚Kreis' und ‚Zirkel' durch eine Tafelskizze semantisiert werden.

L: „Das Wort ‚Zirkel' soll jetzt unser neues Wort sein."

Er projiziert mit Hilfe der **Folie 10** den gehörten Text – s. **Beispiel 16** – an die Wand.

S: Sie lesen den Text noch einmal still durch.

Folie 10   *Beispiel 16*

Peter will jetzt Mathematikhausaufgaben machen. Er soll eine Gerade und einen Kreis zeichnen. Dazu braucht er einen Bleistift, ein Lineal und einen Zirkel. Die Gerade zeichnet er mit dem Lineal. Den Kreis zeichnet er mit dem Zirkel.

L: „Welche Wörter erklären das neue Wort ‚Zirkel'?"

Der Lehrer erarbeitet mit den Lernern ‚Kreis', ‚zeichnen' und ‚mit Zirkel' und schreibt diese Wörter an die Tafel.

„Diese Wörter nennt man Prämissen. Das neue Wort und die Prämissen gehören zusammen. Die Prämissen erklären das neue Wort."

An der Tafel entsteht das **Tafelbild 2**.

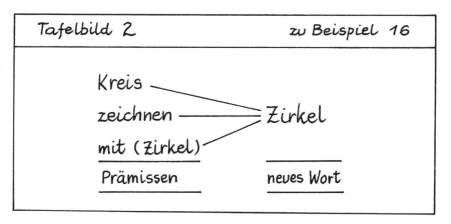

Weitere Informationen zum Begriff Prämisse erfolgen an dieser Stelle noch nicht.

In ähnlicher Weise, aber unter verstärkter Mitarbeit der Lerner, kann das **Beispiel 17** auf der **Folie 11** erarbeitet werden.

```
Folie 11                          Beispiel 17

Peters Kugelschreiber schreibt nicht. Deshalb
öffnet er ihn. Die Mine im Kugelschreiber ist
nicht mehr gefüllt. Mit einer neuen Mine schreibt
er weiter.
```

Dabei entsteht das **Tafelbild 3**, s. S. 52.

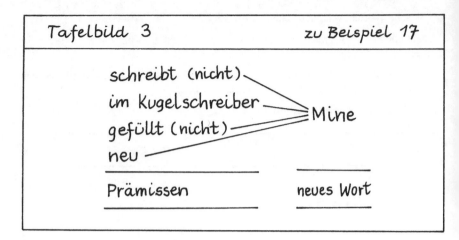

Tafelbild 3 — zu Beispiel 17

schreibt (nicht)
im Kugelschreiber
gefüllt (nicht)
neu

Mine

Prämissen   neues Wort

L: „Welche Wörter oder Wortgruppen sind Prämissen für das neue Wort?"

Der Lehrer zeigt die **Beispiele 18 und 19** auf den **Folien 12 und 13**. Die Lerner antworten durch Zuruf. Gegebenenfalls werden die Antworten in der Gruppe kurz diskutiert.

Folie 12   Beispiel 18

Buch

- (A) fahren
- (B) Schnupfen
- (C) interessant
- (D) gestern
- (E) im Regal
- (F) 200 Seiten
- (G) Peter liest
- (H) Uta rechnet
- (J) im Wasser
- (J) hören

Mantel

A. teuer
B. kalt sein
C. am Fenster hängen
D. im Kaufhaus kaufen
E. Zahnschmerzen
F. interessant
G. im Schrank hängen
H. in der Apotheke kaufen
I. im Winter
J. anziehen

Übungsteil 3

Die Lerner unterstreichen in den **Beispielen 20 und 21** auf dem **Arbeitsblatt 2** die Wörter, die sie als Prämisse ansehen. Dann sammelt der Lehrer die Arbeitsblätter ein und stellt ausgewählte Fälle zur Diskussion.

Arbeitsblatt 2

Unterstreichen Sie die Prämissen!

Beispiel 20

Zug	Hotel	Reise
	16 Uhr	Straßenbahn
	abfahren	Freitag
	anrufen	Haltestelle
	Bahnhof	einsteigen

Beispiel 21

	schön sein
	ins Institut mitbringen
	zufrieden sein
	Roman lesen
Blume	Wasser brauchen
	Schwester
	zum Geburtstag schenken
	kaufen
	ins Warenhaus gehen
	auf dem Tisch. stehen

*

Bei diesen Übungen können dem Lerner erste Charakteristika der Prämissen bewußtgemacht werden:
- Prämissen können nicht nur Wörter, sondern auch Wortgruppen sein.
- Die Prämisse muß die Bedeutung des neuen Wortes erklären können. Zusammengehörigkeit allein genügt nicht. So gehört z.b. ‚im Warenhaus kaufen' schon zu ‚Mantel', aber als Prämisse ist die Wortgruppe nicht geeignet. Da man vieles im Warenhaus kaufen kann, wird das Wort ‚Mantel' durch den Satz ‚Ich kaufe X im Warenhaus.' nicht erklärt.

4. Übungskomplex

In den Übungen dieses Komplexes muß der Lerner Prämissen zu einem vorgegebenen Stammwort selbst bilden. Damit vertieft er seine Erkenntnis über die Prämisse als erklärendes Wort und lernt, starke und schwache Prämissen zu unterscheiden.

*

L: „Nennen Sie Prämissen zu folgenden Wörtern!"
Der Lehrer entwirft das **Tafelbild 4 bzw. 5** und fordert von den Lernern durch Zuruf Prämissen zu den **Beispielen 22 bzw. 23** ab. Diese Prämissen trägt der Lehrer in das Tafelbild ein, wobei er stillschweigend links die stärkeren, rechts die schwächeren Prämissen einordnet.

„Wodurch unterscheiden sich die Prämissen links und rechts?"

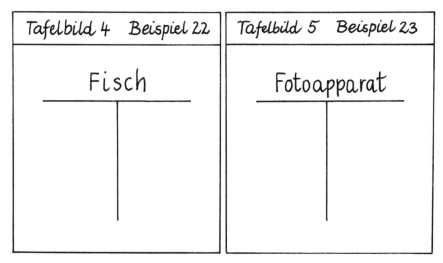

Es ist nicht in jedem Fall zu erwarten, daß der Lerner diese Unterscheidung sofort erkennt oder auszudrücken vermag. In diesem Fall muß der Lehrer helfend eingreifen. Am Ende der Diskussion soll jedoch die Erkenntnis stehen, daß es wirksamere (starke) und weniger wirksame (schwache) Prämissen gibt. Der Grad der Wirksamkeit bezieht sich dabei auf die Hilfe beim Erschließen eines unbekannten Wortes. In weiteren analogen Übungen kann auch das Stammwort von einem Lerner vorgeschlagen werden und bei Nennung der Prämissen die Angabe ‚stark' oder ‚schwach' gleich von den Lernern erfolgen. Anschließend werden die **Beispiele 24 und 25** des **Arbeitsblattes 3** von den Lernern in analoger Form erarbeitet. Ausgewählte Antworten werden wieder diskutiert.

Arbeitsblatt 3

Bilden Sie Prämissen!

Beispiel 24

Tablette

Zahn	

Bei Bedarf kann abschließend das **Arbeitsblatt 4** durchgearbeitet werden. Es faßt alle Übungsformen der Komplexe 3 und 4 noch einmal zusammen.

Arbeitsblatt 4

Beispiel 26 Unterstreichen Sie die Prämissen!

Tonband	Text hören Vorlesung besuchen 6 Tage Film sehen Musik hören	Zahlen schreiben im Unterricht 350 m lang Lehrer in der Mensa

Beispiel 27 Unterstreichen Sie die Prämissen!

Ober	tanzen sich unterhalten am Tisch Platz nehmen Speisekarte lesen in der Gaststätte arbeiten	Getränke bringen zum Wohl Wein bestellen nach Hause begleiten an den Tisch kommen

| Beispiel 28 | Unterstreichen Sie die 3 stärksten Prämissen! |

Arzt	Patient Zahn ziehen untersuchen Sprechstunde haben Ambulanz	Rezept schreiben Zunge zeigen Krankenhaus röntgen Krankenschwester

Beispiel 29 Bilden Sie Prämissen!

Koffer	

Beispiel 30 Bilden Sie Prämissen!

Brief	

*

Der Lerner kann an einigen Beispielen darauf hingewiesen werden, daß die Einteilung der Prämissen in ‚stark' und ‚schwach' sehr grob ist, uns aber dennoch genügen soll. Ergibt sich jedoch in der Diskussion seitens der Lerner eine feinere Einteilung, so sollte sie nur verbal umschrieben werden, z.b. ‚sehr stark', ‚mittel' oder als Vergleich ‚schwächer als …'. An dieser Stelle muß meist noch einmal darauf hingewiesen werden, daß eine starke Prämisse dadurch gekennzeichnet ist, daß sie ein unbekanntes Wort gut erschließen hilft und nicht nur schlechthin zu ihm ‚gehört'.

Bei diesen Übungen ist die Diskussion zwischen Lehrer und Lernern sowie der Lerner untereinander besonders wichtig. Es ist oft erstaunlich, welche Gedankengänge die Lerner dabei entwickeln und wie diese Gedankengänge das Erfassen der Problematik widerspiegeln. Erstaunlich ist aber auch, welche Phantasie sich bei den Lernern im sprachlichen Formulieren trotz des noch geringen aktiven Wortschatzes zeigt. Bei der bereits empfohlenen lockeren Leitung der Diskussion durch den Lehrer verlieren die Lerner schnell ihre Zurückhaltung und Ihre Angst vor ‚falschen' Antworten, ja, sie gewinnen Spaß an der Sache, wie folgendes authentisches Beispiel zeigt:

Der Lehrer sammelt die Arbeitsblätter ein und entdeckt zum Stammwort Z a h n die Prämisse *lachen*.

L fragt den Lerner:
„Ist *lachen* eine starke oder eine schwache Prämisse zu Zahn?"
S_1 antwortet:
„Stark".
S_2 schränkt ein:
„Nicht so stark."
S_3 entgegnet:
„Keine Prämisse, man kann auch ohne Zähne lachen!"

Der Einwand, daß die Übungen dieses Komplexes nicht der Praxis des kontextuellen Erschließens entsprechen – dort werden vorhandene Prämissen gesucht und keine erdacht – wird gewiß dadurch entkräftet, daß diese Übungen das Verständnis für die Prämissen und ihre Besonderheiten vertiefen helfen. (Vgl. auch Kapitel 7)

Bisher haben wir bei den Übungen unseres Trainingsprogramms darauf verzichtet, ‚Auflösungen', d.h. unsere Vorschläge für zutreffende Prämissen anzugeben. Wir empfehlen dennoch jedem Leser, die Beispiele zunächst einmal für sich selbst zu bearbeiten, um sich stärker auf Anliegen und Diskussion der einzelnen Übungen einstellen zu können. Machen Sie aber ‚Ihre' Prämissenauswahl oder -vorschläge nicht zum Maßstab für die Antworten der Lerner.

5. Übungskomplex

Hier werden Prämissen aus kleinen, zusammenhängenden Texten gesucht, die nur dem Lerner bekannte Lexik enthalten, einschließlich der Stammwörter. An den Beispielen wird neben der Stärke der Prämisse auf deren Anzahl und Anordnungsprinzip und auf die verstärkende gegenseitige Wirkung mehrerer Prämissen eingegangen.

*

L: „Lesen Sie den Text. Nennen Sie mögliche Prämissen zu den unterstrichenen Wörtern. Sind die Prämissen stark oder schwach?"

Der Lehrer zeigt die Texte auf den Folien 14 und 15.

Er läßt sich Prämissen zu den unterstrichenen Wörtern zurufen und trägt sie in die Tafelbilder 6 und 7 ein. Auf die Markierung ‚starke' oder ‚schwache' Prämisse sollte hier verzichtet werden.

Die Folien 14 und 15 finden Sie auf der Seite 59, die Tafelbilder 6 und 7 auf Seite 60.

Birgit ist Studentin und wohnt im Internat.
Dort hat sie ein hübsches Zimmer. Ihr Zimmer
hat zwei große <u>Fenster</u>, aus denen man auf
einen kleinen Park blickt.
Es ist ein heißer Tag. Birgit holt sich aus dem
Kühlschrank eine <u>Flasche</u> Limonade. Doch wo
ist der Öffner? Endlich hat sie ihn gefunden und kann sich aus der Flasche ein
Glas eingießen.
Da klingelt es. Sie öffnet rasch das Fenster
um zu sehen, wer an der Haustür steht.

Gisela muß noch zur Post. Es ist schon spät,
sie muß sich beeilen. Wo ist nur der <u>Schirm</u>?
Draußen regnet es, und sie möchte doch nicht
naß werden.
Aber das <u>Paket</u> muß unbedingt heute noch ab-
geschickt werden! Das Geschenk für ihren
Freund ist im Paket, und er hat morgen schon
Geburtstag.
Endlich hat sie den Schirm gefunden; er lag
unter ihrer Tasche. Schnell nimmt sie das Paket
vom Tisch (zum Glück ist es nicht schwer)
und rennt los. In der Eile hat sie ganz vergessen, den Schirm aufzuspannen.

Tafelbild 6 zu Beispiel 31	Tafelbild 7 zu Beispiel 32
Fenster | Flasche [9]	Schirm | Paket [9]

Nach Beendigung der beiden Übungen macht der Lehrer auf die Stellung der Prämissen aufmerksam:
1. Alle Prämissen stehen vor dem neuen Wort = Stellung A
2. Alle Prämissen stehen hinter dem neuen Wort = Stellung B
3. Die Prämissen stehen sowohl vor als auch nach dem neuen Wort = Stellung AB

Der Lehrer fragt nach der Stellung in den Beispielen 31 und 32 und trägt auch diese Antworten in die Tafelbilder 6 und 7 ein. An dieser Stelle müssen die Lerner darauf hingewiesen werden, daß die Prämissen nicht nur in unmittelbarer Nähe des neuen Wortes zu finden sind, sondern sogar in einem ganz anderen Abschnitt stehen können.

L: „Wieviel Sätze sind die gefundenen Prämissen von den unterstrichenen Wörtern entfernt?"

Die Angaben werden in den Tafelbildern 6 und 7 hinter den Prämissen ergänzt. Das kann z.b. in folgender Form geschehen:
+0 im gleichen Satz nach den Stammwort
−0 im gleichen Satz vor dem Stammwort
+1 im nächsten Satz
−1 im vorangegangenen Satz
+2 zwei Sätze weiter
−2 zwei Sätze vorher
und so weiter.

Zum Schluß wird die Anzahl der gefundenen Prämissen festgestellt und ebenfalls in die Tafelbilder eingetragen.
Dieser gemeinsam erarbeitete Weg wird analog auf die Beispiele 33, 34 und 35 übertragen. Dazu erhalten die Lerner das Arbeitsblatt 5.

---

[9] Unsere Lösungsvariante finden Sie in den Anmerkungen (7) und (8) auf Seite 104. Lösen Sie aber ruhig erst einmal selbst diese Aufgaben, und vergleichen Sie dann!

Unterstreichen Sie die Prämissen!

Beispiel 33

Herr Schmidt und seine Frau machen Urlaub in Dresden. Heute
ist schönes Wetter, und so wollen sie einen Ausflug nach
Bad Schandau machen.
Es ist sehr warm, deshalb fahren sie nicht mit dem Zug. Auf
dem Wasser ist es viel angenehmer. So gehen sie zur Elbe
hinunter. Zwar müssen sie noch eine Weile warten, doch dann
sehen sie unter der Brücke ihr **Schiff** kommen.

Beispiel 34

Annett will zum **Bahnhof**. Sie hat ihrem Freund versprochen,
ihn mit dem Auto abzuholen. - Endlich hat sie einen Park-
platz gefunden. Doch inzwischen ist der Zug schon angekom-
men. Wie soll sie jetzt noch ihren Freund unter den vielen
Reisenden finden? Eigentlich treffen sie sich immer am Aus-
gang, aber dort steht er nicht. So geht sie zum Fahrplan;
der nächste Zug kommt schon in einer Stunde an. Inzwischen
trinkt sie im Restaurant des Bahnhofs einen Kaffee.

Beispiel 35

Heute ist Sonntag. Die Sonne lacht vom Himmel. So fahren
Jan und Peter mit dem Fahrrad zum See baden. Wie immer
schwimmen sie um die Wette.
Nun liegen sie müde auf der Wiese. Über den Himmel ziehen
weiße **Wolken**. Nach einer Weile wird es recht kühl und win-
dig. Dicke graue Wolken haben die Sonne verdeckt, es wird
wohl bald regnen. So machen sich Jan und Peter lieber auf
den Heimweg.

Nach dem Durcharbeiten der Beispieltexte werden die Ergebnisse gemeinsam ausge-
wertet und in den Tafelbildern 8, 9 und 10 festgehalten.

Tafelbild 8 zu Beispiel 33	Tafelbild 9 zu Beispiel 34
Schiff [10)]	Bahnhof [10)]

Tafelbild 10	zu Beispiel 35

Wolke

* über den Himmel	– 0
* ziehen	– 0
* weiß	– 0
* dick und grau	+ 2
* bald regnen	+ 2

Fall AB

Wir haben 5 Prämissen gefunden.

Am Beispiel 35 demonstriert der Lehrer schließlich, daß sich schwache Einzelprämissen in ihrem Zusammenwirken verstärken können. Dazu entwickelt er das Tafelbild 11 und kommentiert es entsprechend. (Vgl. auch das Schema auf Seite 16!)

[10)] Unsere Lösungsvariante finden Sie in den Anmerkungen (9) und (10) auf Seite 104.

Wolke

* weiß	] schwach
* über den Himmel	] schwach
* dick und grau	] schwach
* bald regnen	] schwach
* weiß _und_ über den Himmel	] stärker
* weiß _und_ über den Himmel _und_ dick und grau _und_ bald regnen	] sehr stark

*

Die Arbeit mit den Kriterien der Prämissen soll nur für die Prämissenproblematik sensibiliseren. Vermeiden Sie daher eine zu umfassende Diskussion zu Stärke, Anzahl und Eigenschaften der Prämissen.

6. Übungskomplex

In diesen Übungen sollen die Lerner die ihnen unbekannten Wörter aus dem Kontext erschließen. Kontrolliert werden zunächst die erschlossenen Bedeutungen.

*

Die Arbeitsblätter 6/1 und 6/2 mit dem Beispiel 36 werden ausgegeben. Die Lerner erhalten die Aufgabe, die im Text des Beispieles 36 unterstrichenen unbekannten Wörter mit Hilfe des Kontextes zu erschließen.

Beispiel 36

Welche Bedeutung haben die unbekannten unterstrichenen Wörter? Suchen Sie das passende Bild auf Arbeitsblatt 6/2, und ergänzen Sie die entsprechende Zahl im Text!

Andreas ist Kunststudent. Nach langem Suchen hat er ein Zimmer gefunden, das ihm gefällt. Es hat zwar schräge Wände, weil es ganz oben im Haus unter dem <u>Dach</u> [   ] ist, aber das schöne große Fenster läßt viel Licht herein. Nur die <u>Treppe</u> [   ] stört ihn. Sie ist sehr steil, so daß er die Stufen nur langsam hinuntergehen kann.

Heute hat er es besonders eilig, er will mit dem Fahrrad zu seiner Freundin. Aber gerade da mußte er diese Treppe gleich mehrmals hinauf und hinunter. Zuerst hatte er den Schlüssel für den <u>Keller</u> [   ] vergessen. Dann brannte dort kein Licht; es war dunkel, denn der Keller hat nur ein kleines Fenster. Schließlich war der <u>Sattel</u> [   ] des Fahrrades schief, so daß man nicht auf ihm sitzen konnte. So mußte Andreas erst das Werkzeug holen... Viel zu spät kam er bei seiner Freundin an, aber sie war ihm zum Glück nicht böse.

Nachdem sie denken, die richtige Bedeutung gefunden zu haben, suchen sie die entsprechende bildliche Darstellung auf dem Arbeitsblatt 6/2 und tragen die Nummer des Bildes hinter dem dazugehörigen Wort im Text ein.

Das Arbeitsblatt 6/2 finden Sie auf S. 65.

In den vorangegangenen Übungskomplexen haben die Lerner Prämissen nur zu bekannten Stammwörtern gesucht. Die Übungen dienten dazu, die Lerner mit der Prämissenproblematik vertraut zu machen, sie sozusagen für diese Art der Bedeutungserschließung zu sensibilisieren. Hier handelt es sich jedoch um eine echte Erschließungsleistung, die natürlich voraussetzt, daß die betreffenden Wörter dem Lerner tatsächlich unbekannt sind.

Vor dieser Übung erhalten die Lerner lediglich noch einmal den Hinweis, an die Nutzung der Prämissen zu denken. Nach Beendigung der Übung sammelt der Lehrer die Arbeitsblätter wieder ein und wertet sie aus.

Bildblatt zu Beispiel 36

Anschließend kann noch einmal gemeinsam auf die Prämissenfrage in diesem Text eingegangen werden. Dazu projiziert der Lehrer mit Hilfe der Folie 16 den Text an die Wand. Nun können die Prämissen zu den einzelnen Wörtern mündlich diskutiert werden.

(*Enthält den Text vom Arbeitsblatt 6/1 zur Projektion.*)

Der Lehrer kann sich aber auch mit Hilfe des Arbeitsblattes 6/3 davon überzeugen, ob jeder einzelne Lerner die Prämissen selbständig erkannt und bewertet hat oder nicht.

Arbeitsblatt 6/3

Tabelle zu Beispiel 36

Neues Wort   **Prämissen**[11])(s. **Anm.** (11) S. 105)

	bekannt		A B AB	Anzahl	Nennen Sie die	Kreuzen Sie an!	
	nein	ja			Prämissen!	stark	schwach
Dach							
Keller							
Treppe							
Sattel							

Zu diesem Zweck muß jeder Lerner das Arbeitsblatt ausfüllen. Für den Lehrer ist dabei besonders wichtig, daß durch ein Kreuz markiert wird, ob das ‚neue Wort' schon vor dem Erschließen bekannt war oder nicht. Notiert werden außerdem die Art der Anordnung sowie die Anzahl der gefundenen Prämissen. Mit einem Kreuz in der Rubrik „stark" bzw. „schwach" werden dann die Prämissen näher bezeichnet.

In gleicher Weise kann im Beispiel 37 vorgegangen werden. Das entsprechende Material finden Sie auf den Arbeitsblättern 7/1 (Text) und 7/2 (Bilder), der Folie 17 und dem Arbeitsblatt 7/3 (Prämissencharakterisierung).

Die Arbeitsblätter 7/1 und 7/2 finden Sie auf der folgenden bzw. übernächsten Seite.

Folie 17   *zu Beispiel 37*

(*Enthält den Text vom Arbeitsblatt 7/1 zur Projektion.*)

Arbeitsblatt 7/3

Tabelle zu Beispiel 37

(Nach dem Muster von Arbeitsblatt 6/3 abgewandelte Tabelle)

*

In diesen Übungen steht die Bewertung der Erschließungsleistung (gemessen an der Anzahl der richtig erschlossenen Wörter) an erster Stelle. Die Diskussion über die Prämissen ist hier eine weglaßbare Ergänzung.

Sie haben die Problematik sicher schon erkannt und sich gefragt, wie bei diesen Übungen herauszufinden ist, ob die Erschließungsleistung im einzelnen wirklich auf dem bewußten Suchen nach Prämissen und deren Nutzung beruht oder zumindest dadurch verbessert wurde.

Das kann man an diesen Übungen tatsächlich nicht ablesen. Dazu muß man vergleichen können, ob die Lerner, die das Trainingsprogramm absolviert haben, bessere Erschließungsleistungen zeigen als – bei gleichem Ausgangstext – solche Lerner, denen Prämissen fremd sind. Doch damit begeben wir uns schon in Richtung einer wissenschaftlichen Untersuchung, die unser Trainingsprogramm allein weder leisten kann noch soll. Wir wollen Ihnen diese Untersuchungen in Kapitel 8 aber zumindest vorstellen und so beschreiben, daß sie nachvollzogen oder auf andere Fragestellungen übertragen werden können.

Beispiel 37

Welche Bedeutung haben die unbekannten unterstrichenen
Wörter? Überlegen Sie, vergleichen Sie mit den Bildern,
und tragen Sie die Nummer des Bildes hinter das entsprechende Wort im Text ein!

Peter besucht Monika

Monika hat Peter zum Essen eingeladen. Sie wartet schon un-
geduldig auf ihn, doch nun ist er endlich da. "Heute ist es
sehr kalt draußen", sagt er, während er den Mantel auszieht
und die Mütze [ ] vom Kopf nimmt. Monika holt einen Kleider-
bügel [ ] aus dem Schrank, um den Mantel daraufzuhängen.
"Peter, am Mantel fehlt ein Knopf [ ], hoffentlich hast du
ihn nicht verloren." "Nein, hier ist er, kannst du ihn
gleich mal annähen?"
Monika holt Nadel [ ] und Faden [ ], doch es dauert eine
Weile, ehe sie den starken Faden durch das Loch in der Nadel bekommt. Alles andere ist kein Problem. Schließlich
sind die fünf Knöpfe wieder dran.
Nun muß sie aber schnell nach dem Essen sehen. "Peter, wir
können essen, deckst du schnell mal den Tisch?"
Peter legt eine hübsche Decke [ ] auf, nimmt Teller und
Bestecke [ ] aus dem Schrank - sie brauchen heute nicht
nur Messer und Gabel, sondern auch kleine Löffel - und
überlegt ... Ach ja, es fehlen noch die beiden Servietten
[ ]. Er legt sie neben die Teller und stellt zum Schluß
sogar noch eine Kerze auf den Tisch.
Da bringt Monika auch schon den Topf [ ] mit dem Essen.
"Nur ein Topf?" Neugierig nimmt Peter den Deckel [ ] ab:
"Hmm, eine Spezialität!"
Beiden schmeckt es ausgezeichnet. Dann hat Monika für Peter
noch eine Überraschung, einen großen Schokoladeneisbecher,
denn sie weiß, daß er den besonders gern ißt. Sie selbst
sucht sich viel lieber einen schönen goldgelben Pfirsich
aus der Schüssel [ ] mit dem Obst.

Bildblatt zu Beispiel 37

Lassen Sie uns noch einige Anmerkungen zur Kontrolle der Erschließungsergebnisse mit Hilfe der Bildblätter machen. Wir haben dieser Methode mit Bildern den Vorzug gegenüber anderen Methoden gegeben, z.b. der Beantwortung von Fragen oder der Übersetzung in die Muttersprache.

Die richtige Beantwortung einer Frage unter Verwendung des erschlossenen Wortes ist noch keine Bestätigung dafür, daß dessen Bedeutung auch erkannt worden ist. Mit einem gewissen Maß an Pfiffigkeit, Phantasie und Glück kann das Wissen über die Bedeutung wohl ersetzt werden.

Übersetzungen in die Muttersprache sind schwerer auswertbar und besonders dann aufwendig, wenn es sich um eine Gruppe Lerner mit verschiedenen Muttersprachen handelt. Allerdings wird sich diese Methode stärker aufdrängen, wenn nicht nur konkrete, durch Bilder darstellbare Substantive vorliegen, sondern man auch zu anderen Wortarten übergehen will.

Zu empfehlen wäre aber doch statt eines Übersetzens ein Vergleich, indem man – ähnlich wie bei den Bildern – das richtige muttersprachliche Wort auswählen läßt und dabei die bei unseren Bildblättern zugrunde gelegten Bedingungen beachtet:
– Die Anzahl der Bilder/Wörter beträgt mindestens das Vierfache der Anzahl der zu erschließenden Wörter.
– Es werden immer mehrere Bilder/Wörter aus einem gemeinsamen Themenbereich angeboten, so daß der Lerner zur richtigen Auswahl die Bedeutung schon sehr exakt erschlossen haben muß und richtige Antworten durch Raten stark eingeschränkt werden.

Kurz gesagt: Sie ersetzen die Bilder durch die entsprechenden muttersprachlichen Wörter Ihrer Lerner, und alles andere läuft unverändert ab.

Entscheiden Sie sich aber für Bilder, so sollten Sie immer daran denken, daß die Bedeutung dennoch aus dem Kontext erschlossen werden muß, der ermittelte Begriff also im Bild nur wiederzuerkennen ist. Deshalb sind auch keine besonders hohen Ansprüche an die Ausführung der Zeichnungen zu stellen.

Das in diesen sechs Übungskomplexen dargestellte Trainingsprogramm schöpft bei weitem nicht alle möglichen Übungs- und Arbeitsformen zur Prämissenproblematik aus. Einige weitere wollen wir im Kapitel 7 ausführen bzw. andeuten, andere können Sie bestimmt selbst noch entwickeln.

7. Training und Unterricht

Im vorangehenden Kapitel haben wir bereits darauf hingewiesen, daß Sie das dort dargestellte Trainingsprogramm in verschiedener Weise für Ihren Unterricht nutzen können, nachdem Sie es inhaltlich auf Ihre Unterrichtssituation zugeschnitten haben:

– Sie können die Übungen hintereinander als geschlossenes Programm einsetzen.
– Sie können die einzelnen Übungen auf längere Zeit verteilt an geeigneter Stelle Ihres Unterrichtes einfügen.
– Sie können das Programm und seine Übungen als Anregungen betrachten, Ihren Unterricht durch neue, Ihren methodischen Vorstellungen entsprechende Varianten zu bereichern.

Unser Trainingsprogramm hat seine Bewährungsprobe mehrfach bestanden, einmal hinsichtlich seiner Wirksamkeit zur Verbesserung der Erschließungsleistungen der Lerner, zum anderen in Bezug auf die Anerkennung durch zahlreiche Fremdsprachenlehrer, die das Programm bei Hospitationen ‚in Aktion' erlebten. In diesem Zusammenhang wurde aber stets darauf hingewiesen, daß sich die Bereitschaft der Lerner zur aktiven Prämissensuche und -nutzung bei der Bedeutungserschließung mit der Zeit wieder vermindern dürfte, wenn sie nicht im weiteren Verlauf der Ausbildung immer wieder in geeigneter Form geübt wird. Diese Erkenntnis trifft auch dann zu, wenn Sie die Lerner nicht mit dem geschlossenen Programm trainieren.

Eine Weiterführung im Unterricht kann zum Beispiel dadurch geschehen, daß man bei den im Programm enthaltenen Übungstypen bleibt. Beim Betrachten der einzelnen Komplexe wird man leicht feststellen, daß eine ganze Reihe von Übungen durch den Lehrer mit nur sehr geringem Aufwand selbst aufgestellt werden kann und zwar mit Sprachmaterial, das in Inhalt, Auswahl und Schwierigkeitsgrad dem jeweiligen Niveau der Lerner bzw. dem Fortschreiten im Spracherwerb entspricht. Wir denken dabei unter anderem an die Beispiele 6 bis 11 oder 18 bis 30. Aber auch kleine Texte, wie die Beispiele 31 bis 35, die Prämissen zu ein oder zwei Stammwörtern enthalten, lassen sich mit nicht allzu großer Mühe bilden.

Wesentlich schwieriger und unverhältnismäßig zeitaufwendig ist es dagegen, wenn man längere Texte zur unmittelbaren Erschließung unbekannter Wörter schaffen will. Man kann jedoch jetzt – nachdem die Prämissenproblematik systematisch eingeführt und trainiert worden ist – auch ohne weiteres zu Lehrbuch- oder Originaltexten übergehen.

Arbeit mit Lehrbuchtexten oder Originaltexten

Der Unterschied zwischen diesen Texten und unseren ‚vorsätzlich konstruierten' im Trainingsprogramm besteht vor allem darin, daß die Anzahl der vorhandenen Prämissen und ihre Wirksamkeit für das Erschließen eines unbekannten Wortes sehr vom Zufall abhängt. Dennoch lassen sich zu jedem Originaltext Übungen finden. Einige Varianten wollen wir an folgendem Textbeispiel vorstellen:

(29)

Alle Menschen haben einen Körper. Einige Körperteile sind: der Kopf, der Arm, der Hals, der Rücken, das Bein, der Fuß.
Auf dem Kopf wächst das Haar; es ist schwarz, braun oder blond. Einige Männer sind kahl, d.h. sie haben kein Haar oder sehr wenig Haar. Die Frauen und Mädchen haben viel mehr Haar als die Männer, und oft haben sie Wellen (Wasserwellen oder Dauerwellen) darin.
Andere Teile des Kopfes sind: das Auge, das Ohr, die Nase, der Mund. Man sieht mit den Augen, hört mit den Ohren, atmet durch die Nase und riecht damit. Wenn man die Augen schließt, sieht man nichts, aber wenn man sie öffnet, sieht man wieder. In dem Mund sind die Zunge und die Zähne; man schmeckt mit der Zunge und beißt mit den Zähnen. Wenn man spricht, öffnet man den Mund.
Am Ende des Arms ist die Hand; jede Hand hat fünf Finger. Wenn man etwas schreibt, hält man den Füllhalter oder den Bleistift in der Hand. Wenn man etwas schneidet, hält man ein Messer oder eine Schere darin. Man steht auf den Füßen und geht mit den Beinen und Füßen.
Die Menschen sind groß oder klein, dick oder dünn (schlank). Kinder sind klein, aber sie wachsen jedes Jahr und werden größer.
(Quelle: *Deutsch aktiv 3*, Materialien für die Mittelstufe Teil 2, S. 60)

Übungsvariante 1

Der Lehrer gibt einen Übungstext aus und stellt nacheinander die folgenden Aufgaben und Fragen. Die Ergebnisse bzw. Antworten werden anschließend diskutiert.
1. Unterstreichen Sie die Wörter im Text, die Ihnen unbekannt sind!
2. Suchen Sie Prämissen zu diesen Wörtern!
3. Erschließen Sie das unbekannte Wort mit Hilfe der Prämissen!

(Der Lehrer kontrolliert, indem er die Bedeutung erklären oder auf einer Abbildung zeigen läßt.)

4. Nennen Sie die gefundenen Prämissen, und charakterisieren Sie diese als stark oder schwach! Welche dieser Prämissen haben Sie zum Erschließen genutzt?
5. Welche Wörter sind mit dieser Methode nicht erschließbar, weil es keine, keine geeigneten oder zu wenig Prämissen gibt?
Welche Erschließungsmethode würden Sie als nächste anwenden?

Angewendet auf den Text (29) S. 72:

zu 1. Der Lerner unterstreicht ‚Haar', ‚Zunge', ‚Fuß' und ‚Rücken' als ihm unbekannte Wörter.
zu 2. Es wurden folgende Prämissen gefunden:
Haar: – wächst auf dem Kopf
– schwarz, braun oder blond
– Frauen mehr als Männer
Zunge: – im Mund
– man schmeckt damit
Fuß: – Körperteil
– man steht darauf
– man geht damit
Rücken: – Körperteil
zu 3. Der Lerner erschließt die Bedeutung der ersten drei Wörter, der Lehrer kontrolliert.
zu 4. Die Prämissen werden diskutiert.
zu 5. Zum Wort ‚Rücken' wird nur die schwache Prämisse ‚Körperteil' gefunden, die zwar eingrenzt, aber nicht zur Bedeutungserschließung führt.
Der Lehrer erklärt die Bedeutung (Bild), oder das Wörterbuch wird genutzt.

Übungsvariante 2

Die Lernenden erhalten einen Übungstext. Aus diesem Text gibt der Lehrer von sich aus Wörter vor, die dem Lerner durchaus auch bekannt sein können.
1. Unterstreichen Sie die folgenden Wörter: …!
2. bis 5. läuft dann ab wie die Schritte 2 bis 5 der Übungsvariante 1, wobei 3. entfallen kann, wenn der Lerner das Wort bereits kennt.

Angewendet auf den Text (29) S. 72:

zu 1. Unterstreichen Sie ‚Zahn', ‚Auge' und ‚Finger'!
zu 2. Es wurden folgende Prämissen gefunden:
Zahn: – im Mund
– man beißt damit
Auge: – Teil des Kopfes
– man sieht damit
– man kann es schließen und öffnen
– wenn man es schließt, sieht man nichts
Finger: – die Hand hat
– fünf

Übungsvariante 3

Der Lehrer gibt einen Text aus, in dem bestimmte Wörter durch X; Y; ... ersetzt sind.
1. Betrachten Sie die Symbole X; Y; ...! Sie ersetzen bestimmte Wörter.
2. bis 5. laufen dann ab wie 2. bis 5. der Übungsvariante 1.

Übungsvariante 4

Der Lehrer gibt den Text aus und läßt bestimmte Wörter markieren (Durchführung eventuell erst nach Abarbeiten der Varianten 1, 2 oder 3 und Benutzung der dort bearbeiteten Wörter).
Erklären Sie das Wort durch Sätze!
Benutzen Sie die im Text gefundenen Prämissen!
Benutzen Sie weitere, von Ihnen selbst erdachte Prämissen!

Angewendet auf den Text von S. 72:

> Haar: Das Haar wächst auf dem Kopf, es ist braun, schwarz oder blond.
> Frauen haben mehr Haar als Männer.
> Der Friseur wäscht und schneidet das Haar.
> Zur Pflege des Haares braucht man einen Kamm oder eine Bürste.

Diese Übung kommt schon der auf Seite 79 beschriebenen Arbeit mit dem einsprachigen Wörterbuch nahe.

In gleicher oder ähnlicher Form können sehr viele Lehrbuch- oder Originaltexte bearbeitet werden. Die ‚Ausbeute‘ an Lexik, zu der brauchbare Prämissen vorhanden sind, wird wohl von Text zu Text unterschiedlich sein, aber zu finden ist bestimmt immer etwas. Das heißt, nach systematischer Einführung und entsprechendem Training der Prämissenproblematik kann man die Lerner immer wieder innerhalb des im normalen Ablauf vorgesehenen Unterrichtsmaterials in Form von Übungen an dieses Semantisierungsverfahren ‚erinnern‘. Schauen Sie sich deshalb bei Ihren Unterrichtsvorbereitungen die geplanten und ausgewählten Texte auch unter diesem Gesichtspunkt an.

● Weitere Beispiele und Übungsideen zur Arbeit mit Lehrbuch- und Originaltexten finden Sie im Kapitel 9 auf den Seiten 94 ff.

Die im Trainingsprogramm gestalteten Übungstypen sollten mit anderen Übungsformen verbunden werden, um eine möglichst große methodische Vielfalt zu erreichen. Im folgenden erhalten Sie dazu einige Anregungen, teils ausführlicher dargestellt, teils nur als Idee angerissen.

Erschließen mit Hilfe definitionsartiger Erklärungen bzw. exakter Definitionen

Obwohl wir uns bei unseren Betrachtungen ausschließlich dem Bearbeiten des Kontextes zugewandt haben, gibt es doch auch bei einer direkten Erklärung des Wortes, etwa durch die Verben ‚heißt‘, ‚nennt man‘, ‚bezeichnet man als‘, ‚ist‘ usw., häufig Probleme, wie wir sie in unserem Beispiel (1) auf Seite 6 bereits geschildert haben. Diese Schwierigkeiten – selbst in so einfachen Fällen – dürften vorwiegend in der additiv-elementaristischen Textverarbeitungsweise begründet sein. Deshalb sollte der Fremdsprachenlehrer auch auf diese dem Muttersprachler so einfach erscheinenden Fälle mit entsprechenden Übungen eingehen.

(30) Der Lehrer schreibt erstmals das Beispiel 38 an die Tafel (s.Tafelbild 12), wobei dem Lerner das Stammwort, hier ‚Scheibe‘, unbekannt sein sollte.

Tafelbild 12   **zu Beispiel 38**

Das Glas im Fensterrahmen <u>nennt</u> man. <u>Scheibe</u>.

L: „Was ist eine Scheibe?“
S antworten
L erläutert, daß in diesem einfachen Fall ‚nennen‘ die Zusammengehörigkeit zwischen Prämisse und neuem Wort darstellt. Beim Auftreten dieses Verbs ist das Erschließen meist recht einfach.
L: „Welche anderen Verben können auch so eine Zusammengehörigkeit darstellen?“

Man kann sich zahlreiche analoge Beispiele ausdenken oder in Unterrichtstexten finden.

(31) In ähnlicher Form können die Beispiele 39 und 40 mit Hilfe des Tafelbildes 14 bzw. der Folie 18 bearbeitet werden, die eine etwas höhere Anforderung an den Lerner stellen.

Tafelbild 13   **zu Beispiel 39**

Peters Vater hat eine Schwester.
Sie <u>ist</u> Peters <u>Tante</u>.
Peters Mutter hat auch eine Schwester.
Sie ist auch Peters Tante.

L: „Wer ist Peters Tante?“

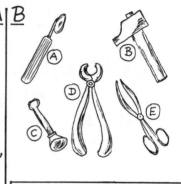

Folie 18 — Beispiel 40

A | B

Birgit hat Zahn-
schmerzen. Der
Zahnarzt muß den
Zahn ziehen. Dazu
braucht er ein spe-
zielles Instrument,
eine Zange.

Was ist eine Zange?

Zuerst wird Teil A, dann Teil A und Teil B gezeigt.
S antworten.

Diese Übungen kann man auch umkehren. Die Lerner formulieren in analoger Weise eine Erklärung für ein vorgegebenes, bekanntes Wort – wobei auf die Verwendung der angegebenen Verben hingewiesen wird. Man sollte am besten von den gerade bearbeiteten Beispielen ausgehen und nun vom Lerner eine etwas umfassendere und allgemeinere Erklärung abfordern.

(32) L: „Erklären Sie allgemein: Was ist eine Tante?".
Eine mögliche Antwort der Lerner wäre:
S: „Eine Tante ist eine Schwester des Vaters oder der Mutter."
L: „Der Zahnarzt arbeitet mit einer Zange. Erklären Sie: Was ist eine Zange?".
Hierauf könnte die Antwort erfolgen:
S: „Eine Zange ist ein Instrument des Zahnarztes.
Damit zieht er Zähne."

Daran anschließend formulieren die Lerner Erklärungen zu vom Lehrer ausgewählten, geeigneten Begriffen, die sich in großer Zahl finden lassen. Der Lerner hat bei der Formulierung meist mehrere Möglichkeiten, sollte aber darauf achten, daß in der Erklärung vor allem solche Prämissen auftreten, die weitgehend Eindeutigkeit erzeugen.

(33) In den folgenden Beispielen ist in der Frage das zu erklärende (unbekannte) Wort im Sinne unseres Stammwortes gegeben, die dazu möglichen Prämissen stehen jeweils in Klammern darunter. Die Verbindung des Stammwortes mit den Prämissen durch geeignete Verben wollen wir Ihnen überlassen.

– Erklären Sie: Was ist ein Bruder?
(Mann, Junge / gleiche Eltern)
– Erklären Sie: Was sind Handschuhe?
(Kleidungsstück / immer ein Paar / für die Hände / im Winter)

Nun ist es nur noch ein kleiner Schritt bis zu den Definitionen aus der Mathematik und Naturwissenschaft, die eindeutig und im allgemeinen an ganz bestimmte, exakte sprachliche Formen gebunden sind. Und natürlich spielen auch hier Prämissen für das zu definierende Wort die entscheidende Rolle.

Da diese sprachlichen Formen durchaus auch auf den allgemeinsprachlichen Bereich übertragen und zu Übungen genutzt werden können, möchten wir Ihnen einige solcher Definitionsformen vorstellen. Dazu benutzen wir einfache Beispiele aus der Geometrie, die – ebenso wie die beschriebenen Definitionsformen – in ähnlicher Form auch in *Deutsch komplex*, Mathematik zu finden sind.
Man unterscheidet dort die Definition von Objekten, Relationen und Eigenschaften mit ihrer jeweils typischen sprachlichen Struktur.

Definitionen von Objekten

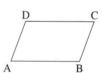

(34) *Ein Parallelogramm ist ein Viereck, in dem die gegenüberliegenden Seiten parallel zueinander verlaufen.*

Das Objekt ‚Parallelogramm' (Stammwort) wird durch den Oberbegriff ‚Viereck' (1. Prämisse) und die charakteristische Eigenschaft ‚die jeweils gegenüberliegenden Seiten verlaufen parallel zueinander' (2. Prämisse) definiert.
Folgende Definitionsformen sind ebenfalls möglich:
Ein Viereck mit zwei Paaren paralleler Seiten heißt / nennt man / bezeichnet man als Parallelogramm.
Unter einem Parallelogramm versteht man ein Viereck mit zwei Paaren paralleler Seiten.

Im Allgemeinsprachunterricht läßt sich mit dieser sprachlichen Form natürlich ebenfalls üben, beim Verstehen oder beim Aufstellen der Formulierung.

(35) ‚Ein Lexikon ist ein Buch, in dem Wörter erklärt werden.'

Gleiches gilt für die beiden anderen Definitionsformen, die wir nur kurz anreißen wollen.

Definition von Relationen

(36) *Zwei Geraden g und h sind zueinander senkrecht, wenn g und h rechte Winkel bilden.*

Die Relation ‚senkrecht zueinander' (Stammwort) wird durch die Bedingung ‚bilden rechte Winkel' (Prämisse) definiert.

Definition von Eigenschaften

(37) *Ein Winkel ist spitz, wenn er größer als 0° und kleiner als 90° ist.*

Die Eigenschaft ‚spitz' (Stammwort) für einen Winkel wird durch die Bedingung ‚größer als 0° und kleiner als 90° (Prämisse) definiert.

Arbeit mit dem einsprachigen Wörterbuch

Die Arbeit mit dem einsprachigen Wörterbuch ist sowohl in Lehrbüchern oder methodischen Darstellungen als auch im praktischen Unterricht wohl nur in Ausnahmefällen zu finden. Sie wird damit in einer ihrer Bedeutung unangemessenen Weise vernachlässigt, wie wir das schon beim kontextuellen Erschließen feststellen mußten. Und dabei steckt auch das einsprachige Wörterbuch voller Potenzen für den Fremdsprachenunterricht im allgemeinen und für das Erschließen aus dem Kontext im besonderen. Die Erklärungen der Stichwörter des Wörterbuches beruhen zu einem großen Teil auf Prämissen.

Die folgenden Beispiele wurden der 6bändigen Ausgabe des *Dudens*, Großes Wörterbuch der deutschen Sprache entnommen.
Überlegen Sie beim Lesen gleich einmal, welche der auszugsweise angegebenen Erklärungen Sie als starke Prämissen für die Bedeutungserschließung ansehen könnten.

(38) „*Asphalt* ... Gemisch von Bitumen u. Mineralstoffen, das besonders als Straßenbelag verwendet wird: regennasser, spiegelnder A.; die Sonne weicht den A. auf."
„*Fliese*...meist viereckige Platte aus Steingut, Stein, Kunststoff od. Glas als wasserdichter u. hygienischer Wand- u. Fußbodenbelag: das Bad mit -n auslegen, der Fußboden war mit bunten -n belegt ...'"

Sie haben sicher festgestellt, daß nicht alle Angaben als Prämissen angesehen werden können und der Lerner wahrscheinlich auch nicht alle Erläuterungen verstehen kann. Daneben sind aber auch lexikalische Einheiten zu finden, die zweifellos eine starke Prämisse darstellen. So lassen die Angaben ‚Straßenbelag' und ‚die Sonne weicht...auf' mit relativ großer Sicherheit auf ‚Asphalt' schließen.

Tritt in einem Lesetext ein unbekanntes Wort auf, so wird es nicht selten vorkommen, daß der Lerner keine oder nur unzureichend viele Prämissen findet. Ein einsprachiges Wörterbuch bietet ihm dann u.U. die für das Erschließen fehlenden Prämissen an; er muß sie jedoch bewußt suchen. Die Arbeit mit dem einsprachigen Wörterbuch kann also das kontextuelle Erschließen auf der Basis der Prämissenkonzeption wirkungsvoll ergänzen.
Wegen des dabei geforderten Durchdringens des Sachverhaltes ist die Arbeit mit dem einsprachigen Wörterbuch der mit dem zweisprachigen vorzuziehen.

Es lassen sich nun für den Unterricht eine Reihe von Übungsformen finden, z.B.:
– Der Lehrer stellt die neuen lexikalischen Einheiten seines Unterrichtes mit den entsprechenden Erklärungen, die möglichst viele Prämissen enthalten, zusammen und bietet sie dem Lerner als Beispiel an.

Dabei können durchaus überflüssige oder dem Lerner sprachlich noch unbekannte Teile enthalten sein.

– Der Lerner erklärt dann selbst analog dazu weitere neue lexikalische Einheiten, so daß er sich auf diese Weise eine Art einsprachiges Bedeutungswörterbuch aufbauen kann, das das sonst übliche zweisprachige Glossar (Vokabelheft) sinnvoll ersetzen kann.

(39) Im Unterricht wurde bei der Arbeit an einem Text das Wort ‚Turm' durch Bilder semantisiert.
Die Lerner erhalten anschließend folgende Aufgabe:
L: „Erklären Sie den Begriff ‚Turm'!"
Eine mögliche Lösung könnte sein:
‚Turm…ein Gebäude, hoch, höher als benachbarte Gebäude, kleine Grundfläche, rund oder quadratisch: der Kirchturm trägt ein spitzes Dach, auf dem Fernsehturm befinden sich Antennen und eine Gaststätte, vom Aussichtsturm kann man sehr weit ins Land sehen.'

Zusammenwirken mit anderen Semantisierungsverfahren

Die Bevorzugung anderer Semantisierungsverfahren gegenüber dem kontextuellen Erschließen mag vielleicht auch in der irrigen Annahme begründet sein, daß diese Verfahren sicherer seien, d.h. sich die richtige Bedeutung durch sie eindeutiger ermitteln lasse als aus dem Kontext.
Doch denkt man andererseits daran, daß

– viele Wörterbücher nicht alle Bedeutungen des unbekannten Stammwortes in der Muttersprache angeben, vor allem nicht die zum Teil stark abweichende Bedeutung bei fachsprachlicher Verwendung,
– ‚falsche Freunde' (vgl. Beispiel (42) auf S. 80) dem Lerner oft weitgehend unbekannt sind,
– die Nutzung der Wortbildungsregularitäten bei eindeutigen bzw. (besser) nichtmotivierten Termini (vgl. Beispiel (44), S. 81) häufig versagt,
– selbst Internationalismen keinesfalls immer erkannt werden,
so wird deutlich, daß hier oft vor allem bzw. nur der Kontext zur Bedeutungserklärung führt, und das ist um so effektiver, wenn der Lerner das kontextuelle Erschließen beherrscht.

Es dürfte sehr schwierig sein, zu den o.g. Punkten gezielte, direkt in einem Training nutzbare Übungsbeispiele zu erarbeiten. Der Lehrer sollte vielmehr die Beispiele, die sich bei Gelegenheit im Unterricht ergeben, bewußt nutzen. Z.B. können bei Zweifeln an der Wörterbucherklärung die Prämissen aus dem Kontext hinzugezogen werden. Es sollte ohnehin das Ziel sein, von der Arbeit am isolierten Wort abzukommen und dafür Beziehungen zum Kontext aufzuspüren und gegebenenfalls auch zu nutzen.

Nachfolgende Beispiele sollen die Schwierigkeiten bei anderen Semantisierungsverfahren illustrieren und den Lehrer anregen, ihnen in seiner Unterrichtsarbeit die nötige Aufmerksamkeit entgegenzubringen und immer wieder den Kontext mit seinen Prämissen zur Bedeutungserklärung heranzuziehen.

(40) „Er sah nach oben zur Decke, an der die Lampe hing."
„Klaus war krank und lag im Bett unter einer warmen Decke."

Falls dem Lerner die Bedeutung des Wortes ‚Decke' zum Beispiel nur als ‚Tischdecke' bekannt ist oder das Wörterbuch nur diese Bedeutung angibt, wird eine Wort-für-Wort-Abarbeitung des Textes zu Fehlern führen[12]).

Erst eine Einbeziehung des Kontextes in Form der Prämissen ‚nach oben zu X', ‚Lampe hängt an X' bzw. ‚im Bett', ‚unter X liegen' läßt ihm die anderen Bedeutungsvarianten erschließen oder zumindest erkennen, daß hier die Variante ‚Tischdecke' nicht zutrifft.

Das bedeutet aber, daß die Nutzung der Prämissen auch eine dem Lerner bekannte oder im Wörterbuch angegebene Bedeutungsvariante a u s s c h l i e ß e n kann.

(41) Die Begriffe ‚Arbeit', ‚Leistung', ‚Trägheit', ‚Rotation', ‚Leiter' verkörpern in der Allgemeinsprache eine ganz bestimmte, wenn auch oft recht unscharfe Bedeutungsvariante. In der Fachsprache Physik hingegen sind mit diesen Wörtern genau definierte, klar abgegrenzte und zum Teil vom Alltagsgebrauch abweichende Bedeutungen verbunden.

(42) Würden Sie als Lerner der spanischen Sprache zum Beispiel nicht auch die Bedeutung folgender Wörter bedenkenlos ohne andere Hilfsmittel erschließen, indem Sie den internationalen Charakter des Wortes und die so offensichtlich erkennbare Analogie zum Deutschen nutzen:

(a) ‚raqueta'		(b) ‚tapete'
(c) ‚éxito'	und	(d) ‚presidio'

als ‚Rakete', ‚Tapete', ‚Exitus' und ‚Präsidium'?

Nun sind Sie durch unsere Überlegungen natürlich ‚vorgewarnt' und ahnen schon, daß es sich hierbei um ‚falsche Freunde' handelt, bei denen eine formale Bedeutungsübertragung zu gravierenden Fehlern fürht, wie Sie sich in der Anmerkung (12) auf der Seite 105 überzeugen können.

(43) Umgekehrt können sich lexikalische Einheiten mit eindeutigen Analogien morphologisch so verändert haben, daß ein Wiedererkennen kaum möglich ist.

Oder wissen Sie sofort, was die spanischen Wörter

(e) ‚riesgo'	(f) ‚visado'
(g) ‚deporte'	(h) ‚armonioso'
(i) ‚aislamiento'	

bedeuten? (Vgl. Anm. (13) S. 105)

Selbst der Name eines bekannten Mannes ist wohl schwer zu deuten, wenn er sich in der vietnamesischen Sprache als ‚Cao Mac' vorstellt. Hätten Sie vermutet, daß sich dahinter Karl Marx verbirgt?

---

[12] Dabei sind wir von dem sehr oft zutreffenden Fall ausgegangen, daß die einzelnen Bedeutungsvarianten in der Muttersprache des Lerners durch verschiedene Wörter repräsentiert werden. Im Beispiel gilt das für die spanische Sprache in der Form:
Zimmerdecke – techo
Wolldecke   – manta
Tischdecke – mantel

(44) Ähnlich kann es sich bei durch Wortbildung entstandenen Begriffen verhalten, die nicht zu den eindeutig motivierten Termini gehören. Während wir in der Allgemeinsprache aus der Kenntnis der Komponenten eines zusammengesetzten Substantivs die Bedeutung des Kompositums oft ohne Probleme richtig erschließen können (z.B. ‚Weinflasche‘, ‚Haustür‘), gelingt das in der Fachsprache viel seltener. Selbst die motivierten Termini deuten dort die tatsächliche Bedeutung oft nur an:

– Eine ‚Hochspannung‘ ist nicht eine hohe Spannung schlechthin, sondern eine Spannung über 1000 Volt.

– Eine ‚Kurzwelle‘ hat nicht nur eine geringe Wellenlänge schlechthin, sondern diese liegt zwischen 100 Meter und 10 Meter.

Nichtmotivierte Termini führen geradezu in die Irre, will man ihre Bedeutung aus den Komponenten erschließen:

– Ein ‚Bleistift‘ enthält kein Blei.

– Ein ‚Halbleiter‘ hat nicht eine halbe elektrische Leitfähigkeit, sondern ändert diese unter anderen Bedingungen als ein elektrischer Leiter.

Auch in den Beispielen (41) bis (44) kann die Arbeit mit Prämissen bei der Semantisierung über Unsicherheiten hinweghelfen.

Nutzung von Algorithmen

Auf den Seiten 30 und 31 haben wir bereits angedeutet, daß wir unsere Prämissenkonzeption als eine S t r a t e g i e ansehen, die Komplexität des kontextuellen Erschließens bzw. des Erschließens unbekannter lexikalischer Einheiten überhaupt zu reduzieren. Wir haben nicht den Versuch unternommen, das Vorgehen innerhalb dieser Strategie zu algorithmisieren, sondern uns auf die sehr globalen und allgemeinen Aufforderungen beschränkt, beim Auftreten einer unbekannten lexikalischen Einheit im Lesetext Prämissen zu suchen und diese bei der Bedeutungserschließung zu nutzen. Wege zur Ausführung wurden dem Lerner durch unser Training nahegebracht.

Die Vorgabe eines starren Algorithmus wird u. E. der Komplexität der Erschließungs- und Semantisierungsproblematik in keiner Weise gerecht, engt sie vielmehr ein und versperrt dem Lerner die Sicht auf das geforderte Durchdringen und schöpferische Bearbeiten jedes einzelnen Problems.

*

Alle die in diesem Kapitel angerissenen Übungsmöglichkeiten können dazu dienen, die schon auf Seite 11 erwähnten Einschränkungen zu überwinden. Besonders bei der Arbeit mit Formen der einsprachigen Bedeutungserklärungen (ein einsprachiges Wörterbuch z.B.) kann ohne weiteres übergangen werden

– von der Beschränkung auf konkrete Substantive zu Abstrakta und anderen Wortarten,

– von der Beschränkung auf den Anfangsunterricht zu fortgeschrittenen Lernern,

– von der Beschränkung auf bekannte Sachverhalte zu Texten mit neuen Inhalten.

Viele Hinweise konnten nur andeutungsweise erfolgen, aber vielleicht ist es uns trotzdem gelungen, bei Ihnen Lust und Interesse zu wecken, sich einigen dieser Fragen zuzuwenden und eigene Untersuchungen im Zusammenhang mit Ihrem Unterricht durch-zuführen. Dazu wollen wir Ihnen im Kapitel 8 einige nützliche Tips geben; wir werden deshalb den Ablauf unserer Untersuchungen skizzieren und mit Kommentaren und An-regungen versehen.

Zusammenfassung

● Die Arbeit mit Prämissen beim kontextuellen Erschließen darf nicht auf ein zeitlich begrenztes Trainieren oder Üben beschränkt bleiben, sondern muß nach einer Pha-se der Bewußtmachung und intensiven Übung ständiger Bestandteil des Unterrich-tes bleiben.

● Neben den im Trainingsprogramm auftretenden Übungstypen kann man die Prä-missenkonzeption einbringen

   – in die Erschließung mit Hilfe definitionsartiger Erklärungen durch die Verben ‚ist‘, ‚heißt‘, ‚bezeichnet man‘ usw. und umgekehrt bei der Formulierung solcher Er-kärungen,

   – in die Erschließung mit Hilfe exakter Definitionen unter Verwendung bestimmter, fester sprachlicher Formen und umgekehrt bei der Formulierung solcher Defini-tionen,

   – bei der Erschließung mit Hilfe eines einsprachigen Wörterbuches und umgekehrt bei der Erstellung eines einsprachigen Glossars,

   – als Ergänzung bei anderen Semantisierungsverfahren.

8. Ausblick

Bei der Beschäftigung mit unserem Büchlein haben Sie gewiß festgestellt, daß wir zahlreiche Fragen offen lassen mußten oder absichtlich unbeantwortet ließen. Darüber hinaus sind Sie vielleicht auch mit einigen unserer Aussagen nicht einverstanden, oder Sie haben unsere Anregungen zu eigenen Ideen weiterentwickelt. In all diesen Fällen kann man eine Antwort oder Bestätigung nur durch gezielte Untersuchungen in der Praxis finden, die über das ausschließliche Anwenden der in den Kapiteln 6 und 7 vorgestellten und beschriebenen Übungstypen hinausgehen.

Wenn wir Sie nun zu solch eigenen kleinen Untersuchungen ermuntern wollen, so haben wir nicht nur den Erkenntnisgewinn im Auge, der sich konkret in der Formulierung Ihrer Untersuchungsergebnisse niederschlägt, sondern auch die Freude an eigener schöpferischer Arbeit, das damit verbundene tiefere Eindringen in die Problematik einschließlich theoretischer Hintergründe und schließlich den Gewinn für Ihre Arbeit mit den Lernern im Unterricht.
Unter diesen Gesichtspunkten sind auch schon kleinere Untersuchungen wirkungsvoll. Der voll im Unterricht stehende Lehrer wird ohnehin nur selten Zeit finden, umfangreiche Versuchsreihen durchzuführen.

Die folgenden Anregungen wollen Sie auf einige Probleme aufmerksam machen, die man nicht übersehen sollte, um zu möglichst gesicherten und nicht so leicht anfechtbaren Untersuchungsergebnissen zu kommen.
Nach allgemeinen Hinweisen haben wir jeweils zu unseren eigenen Untersuchungen, auf die wir bereits auf Seite 32 hingewiesen haben, einen Bezug geschaffen und schließlich einige Kommentare und weiterführende Anmerkungen angefügt.
1. Zunächst müssen Sie ein Problem auswählen, das Sie mit Ihrer Untersuchung bearbeiten wollen. Dabei sollten Sie eine möglichst konkrete, eng umgrenzte Fragestellung zu Grunde legen. Formulieren Sie die erwarteten Ergebnisse in Gestalt einer Hypothese, und merken Sie Einschränkungen und Gültigkeitsbereiche an, die sich aus der Anlage Ihrer Untersuchungen ergeben.

Die Hypothese zu unseren Untersuchungen finden Sie auf Seite 32, Einschränkungen sind auf Seite 39 dargestellt.

Natürlich gehört zur Vorbereitung wissenschaftlicher Untersuchungen auch eine breite Beschäftigung mit der Literatur und mit zugrundeliegenden Theorien. Bleiben Sie aber bei Ihren Fragen im Rahmen der Prämissenkonzeption, so reichen die in diesem Büchlein dargestellten theoretischen Hintergründe zunächst einmal aus.
Lassen Sie sich bei der Formulierung der Hypothese nicht dadurch stören, daß Sie ja noch nicht wissen, ob sie stimmt. Ihre Versuchsergebnisse sollen Ihre Hypothese bestätigen oder auch widerlegen.
Wir haben unsere Hypothese für die Erschließung konkreter Substantive im Anfängerunterricht bestätigt.
Man könnte nun weiterfragen: Gilt diese Hypothese auch für Abstrakta, für Verben, für Adjektive? Gilt sie auch für fortgeschrittene Lerner?

Eine ganz andere Fragestellung wäre: Behalten Lerner, die bewußt das Suchen nach Prämissen und ihre Nutzung zum Erschließen und Lernen von Lexik eingesetzt haben, diese Lexik besser und dauerhafter im Gedächtnis als Lerner, die traditionell Lexiklisten auswendig lernen? Versuchen Sie einmal, dazu Hypothesen zu formulieren! Lesen Sie dann unseren Vorschlag in der Anmerkung (15) auf Seite 105 nach!

2. Für die Durchführung der Versuche und Festlegung des Sprachmaterials ist es wichtig, wo Sie die Untersuchung ansiedeln wollen. Dazu gehören die Bestimmung des Lernerkreises und des Standes der Ausbildung.

Wenn sie den Lernerkreis im allgemeinen auch nicht selbst auswählen können, so ist es doch von Bedeutung, seine besonderen Bedingungen zu analysieren. So beeinflussen Vorbildung und Alter der Lerner die Auswahl des Sprachmaterials. Für jüngere Lerner (im Schulalter) sollten die Anweisungen besonders einfach sein. Das Ziel, mit dem die Fremdsprache gelernt wird, ist wichtig für die Motivation, am Versuch mitzuarbeiten, und das muß sich auf seine Gestaltung auswirken. Die Inhalte des der Untersuchung zu Grunde liegenden Sprachmaterials werden sich zum Teil nach dem Kulturkreis des Lerners richten müssen. Schließlich wird auch der Ausbildungsstand in der Fremdsprache die Auswahl des Sprachmaterials beeinflussen.

Unsere Untersuchungen haben wir im Anfangsunterricht bei ausländischen Lernern aus unterschiedlichen Kulturkreisen durchgeführt, die sich auf ein Hochschulstudium in deutscher Sprache vorbereiteten.

Prüfen Sie auch, ob die von ihnen gewählte Fragestellung Ihrem Lernerkreis und seiner Motivation entspricht.

3. Gestalten Sie das Sprachmaterial für die Untersuchungen dem Sprachstand der Lerner entsprechend, achten Sie auf eine gute Verständlichkeit sowie eine gute Bearbeitungsmöglichkeit durch Ihre Versuchspersonen, und sichern Sie sich eine einfache, eindeutige und überschaubare Auswertbarkeit. Dabei soll die Bearbeitung des Materials möglichst ausschließlich die Fragestellung betreffen, um Einflüsse, die das Auswertungsergebnis verfälschen, weitgehend zu vermeiden.

Wir wählten bei unseren Versuchen zwei Texte, die in der Gestaltung dem auf Seite 68 dargestellten Beispiel 37 unseres Trainingsprogramms entsprechen.

Die Erstellung des Sprachmaterials für die Untersuchungen ist wohl die aufwendigste Arbeit. So war unter anderem bei unseren Texten darauf zu achten, daß dem Lerner die zu erschließenden Wörter wirklich unbekannt, alle anderen hingegen bekannt waren. Besonderer Wert wurde darauf gelegt, daß beide Texte einen möglichst gleichen Schwierigkeitsgrad haben.

Wollen Sie z.B. die bereits erwähnte Behaltensleistung untersuchen, so ist natürlich für das Lernen aus dem kontextuellen Erschließen heraus die gleiche Lexik zu wählen wie beim Listenlernen.

4. Bei den meisten Untersuchungsformen vergleicht man zwei Lernergruppen, die zum gleichen Zeitpunkt verschiedenen Bedingungen unterlagen. Es ist allgemein üblich, diese Lernergruppen als Versuchs- und als Kontrollgruppe zu bezeichnen. Beide Gruppen sollten eine annähernd gleiche Anzahl von Versuchspersonen umfassen. Je größer diese Anzahl ist, desto weniger ist das Ergebnis von Zufälligkeiten abhängig. Gruppen unter zehn Personen sind für die statistische Auswertung kaum geeignet. Steht nicht der einzelne Lerner, sondern ein Sachverhalt im Blick der Untersuchun-

gen, so sollte man sorgfältig darauf achten, daß Versuchs- und Kontrollgruppe bezüglich dieses Sachverhaltes eine gleiche Leistungsstruktur aufweisen. Dazu sind jedoch entsprechende Voruntersuchungen nötig, deren Ergebnisse für die Bildung dieser Gruppen ausschlaggebend sind.

Bei unseren Untersuchungen ging es ausschließlich um die Wirksamkeit der Prämissen, unabhängig von der Leistungsfähigkeit der Lerner. Deshalb mußte unsere Versuchsgruppe die prozentual gleiche Zusammensetzung von leistungsstarken und leistungsschwachen Lernern aufweisen wie die Kontrollgruppe. In unserem Fall waren die Deutschzensuren sowie die Ergebnisse eines Intelligenztestes Grundlage für die Auswahl der Lerner. Im Gegensatz zu den Kontrollgruppen absolvierte die Versuchsgruppe außerdem unser Trainingsprogramm, konnte also das Suchen und Nutzen von Prämissen bewußt einsetzen.

Im Rahmen unserer Darstellung ist es leider nicht möglich, die Einzelheiten der statistischen Auswertung zu beschreiben. Das können Sie der entsprechenden Literatur (CLAUSS / EBNER, 1968; LOHSE / LUDWIG / RÖHR, 1986) entnehmen. Bei Untersuchungen zur Behaltensleistung bilden Versuchspersonen, die die Lexik aus dem kontextuellen Erschließen lernen, die Versuchsgruppe, die nach Listen lernenden Personen die Kontrollgruppe.

5. Neben der im Punkt 4. beschriebenen Untersuchungsform kann man auch Lerner, die den gleichen Bedingungen unterliegen, zu verschiedenen Zeitpunkten vergleichen. Dazu führt man einen **Prätest** und zeitlich später einen **Posttest** durch. Zwischen Prätest und Posttest liegt das Ereignis, das uns interessiert. Daraus ergibt sich dann der Ablauf der Untersuchungen, verdeutlicht durch folgendes Schema:

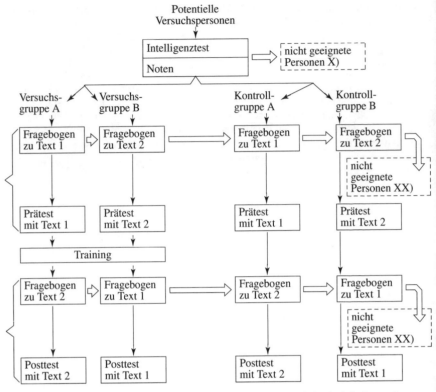

Trotz der Bemühungen, die Texte 1 und 2 mit gleichem Schwierigkeitsgrad zu gestalten, ließen sich geringe Unterschiede kaum vermeiden. Um deren Wirkung abzuschwächen, begann etwa die Hälfte der Versuchs- und die Hälfte der Kontrollgruppe ihren Prätest mit Text 1, die andere Hälfte bei der Gruppe mit Text 2; im Posttest wurden die Texte ausgetauscht.

Vor dem Einsatz jedes Textes wurde den Versuchspersonen eine Liste mit lexikalischen Einheiten vorgelegt (Fragebogen); sie hatten die zu markieren, welche ihnen bereits bekannt waren. So konnte vermieden werden, daß ein schon bekanntes Wort als ‚richtig erschlossen' in die Statistik einging und sie somit verfälschte. Versuchspersonen, die bereits mehrere dieser vorgegebenen Einheiten kannten, wurden als nicht geeignet ausgesondert.

Zwischen Prätest und Posttest unterzog sich die Versuchsgruppe unserem Trainingsprogramm, während die Kontrollgruppe die Texte ohne Training und ohne jegliche Information zur Prämissenkonzeption abarbeiten mußte.

Prätest, Training und Posttest wurden ohne großen zeitlichen Abstand innerhalb von drei aufeinanderfolgenden Tagen durchgeführt.

Entwerfem Sie ein Schema zum Ablauf der vorgeschlagenen Untersuchungen zur Behaltensleistung gemäß der dazu formulierten Hypothese! Vergleichen Sie mit unserem Vorschlag in der Anmerkung (16) auf Seite 105!

6. Die Auswertung beginnt im allgemeinen mit einem Auszählen der positiven oder negativen (richtigen oder falschen) Angaben gemäß der Fragestellung der Untersuchung.

Das Auszählen wird bei den einzelnen Tests meistens zu unterschiedlichen Ergebnissen führen. Die Unterschiede können nun zufälligen Charakter haben oder für die Untersuchung relevant sein. Doch das läßt sich nur selten ohne weiteres erkennen; erst eine statistische Signifikanzuntersuchung gestattet mit einer bestimmten Wahrscheinlichkeit eine Unterscheidung.

Bei unseren Untersuchungen haben wir die Erschließungsleistung für die Versuchs- und Kontrollgruppe jeweils im Prä- und Posttest erfaßt. Sie kann sowohl in Tabellenform als auch graphisch dargestellt werden:

	Prätest	Posttest
Versuchsgruppe	p = 47%	p = 69%
Kontrollgruppe	p = 58%	P = 54%

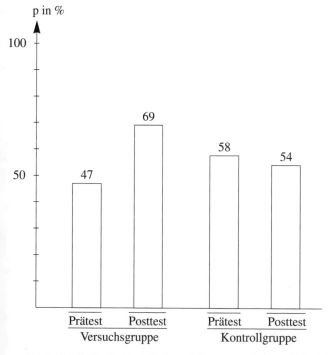

p ist ein Maß für die Erschließungsleistung, wobei $p = 100$ als Maximum das richtige Erschließen aller unbekannten lexikalischen Einheiten bedeutet. Der Unterschied zwischen dem Prä- und dem Posttest der Versuchsgruppe wird als mit hoher Wahrscheinlichkeit signifikant bestimmt, der Unterschied für die Kontrollgruppe nicht, er ist zufällig.

Wir müssen uns auch hier auf ein paar allgemeine Hinweise beschränken. Die statistischen Verfahren können Sie der bereits genannten Literatur entnehmen. Allerdings setzt das eine gewisse Freude an der mathematischen Durchdringung von Problemen voraus und ist nicht immer einfach. Wollen Sie aber auf die Statistik verzichten, so sind Ihre Untersuchungen natürlich aus den auf Seite 83 aufgeführten Gründen keinesfalls nutzlos, lediglich Ihre unmittelbaren Untersuchungsergebnisse haben eine eingeschränkte Aussagekraft.

7. Den Abschluß der Untersuchung bilden die Interpretation der Ergebnisse und die Diskussion der Hypothese. Die Resultate unserer Untersuchungen bestätigen unsere Hypothese. Die Lerner der Versuchsgruppe erbringen im Posttest nach dem Training bessere Erschließungsleistungen als im Prätest, bei der Kontrollgruppe besteht zwischen den Erschließungsleistungen im Prä- und Posttest kein signifikanter Unterschied.

Kann eine Hypothese nicht bestätigt werden, so heißt das nicht, daß die gesamte Untersuchung nutzlos gewesen wäre. Auch die Widerlegung vermuteter Zusammenhänge ist ein bedeutungsvolles Ergebnis und kann sich fördernd auf die Praxis auswirken.

8. Krönung all der Bemühungen muß es schließlich sein, die erlangten Erkenntnisse in die eigene Unterrichtsarbeit und in die anderer Kollegen einzubringen. Letzteres kann auf vielfältige Weise geschehen, durch Erfahrungsaustausch, Vorträge und Veröffentlichungen. Aus diesen Überlegungen heraus ist auch dieses Buch entstanden, das mithelfen soll, die Ergebnisse zum kontextuellen Erschließen einem breiten Kreis von Fremdsprachenlehrern zur Nutzung im eigenen Unterricht nahezubringen.

Wir hoffen, daß Sie mit unserem Büchlein eine Reihe Anregungen erhalten haben und so Ihren Unterricht um neue Akzente bereichern können, Ihnen zur Freude am schöpferischen Weiterentwickeln und Umsetzen neuer Ideen und dem Lerner zum Nutzen beim Erwerb der fremden Sprache.

An Ihren Gedanken zu den zahlreichen angerissenen Problemen des kontextuellen Erschließens, Ihren Erfahrungen diesbezüglich im Unterricht, Ihrer Meinung zum Büchlein selbst und schließlich Ihren Ergebnissen bei kleinen eigenen Untersuchungen ist der Autor sehr interessiert; er würde sich deshalb freuen, Ihre Hinweise, Anregungen und Meinungen kennenzulernen.

9. Anhang

mit weiteren Beispielen und Übungsideen

Zur ganzheitlichen Textverarbeitung

Neben der Arbeit mit den Prämissen beim bewußten kontextuellen Erschließen gibt es noch zahlreiche andere Möglichkeiten, die Herausbildung der ganzheitlichen Textverarbeitung zu unterstützen, d.h., die Fähigkeit, mentale Repräsentationen zu erzeugen, die über den Informationsgehalt der angebotenen Wörter hinausgehen:

1. Der Lehrer bietet einen Kurztext aus zwei bis drei Sätzen. Er sollte so gewählt werden, daß mehrere Situationen dazu denkbar sind. Der Lerner wird nun aufgefordert, eine Situation zu nennen oder zu beschreiben, die ihm dazu einfällt.
   - „Er hatte großen Hunger. Vor seinen Augen erschienen die schönsten Mahlzeiten, die er sich denken konnte. Er aber mußte weiter hungrig bleiben."
   = ohne Geld in einer Gaststätte oder vor einem Schaufenster / Betrachtung einer Fernsehwerbung ohne Gelegenheit zum Kauf / Essen wegen bevorstehender Laboruntersuchungen nicht gestattet / ...
   - „Er hatte Angst, und sein Herz klopfte stark. Wie wird es ausgehen, fragte er sich. Doch dann drückte er entschlossen auf den Knopf."
   = Klingelknopf bei einem wichtigen oder unangenehmen Besuch / Auslösen eines wichtigen oder gefährlichen Experiments / Auslösen einer Explosion oder Starten eines Triebwerks / ...

   Es geht natürlich nicht darum, eine ‚richtige' Beschreibung zu finden (die es so ja gar nicht gibt), sondern der Inhalt des Gelesenen soll zu einem umfassenderen, möglichen Situationsmodell erweitert werden.
   Antworten der Lerner, wie ‚Ich weiß nicht' oder ‚Mir fällt keine Situation ein' lassen auf Mängel bei der ganzheitlichen Textverarbeitung schließen.
2. Der Kurztext wird auf wenige isolierte Wörter reduziert, dann wird wie bei 1. vorgegangen.
   - „Schlüssel – Haustür – Fenster – geschlossen – klingeln"
   = Haustür geschlossen, klingeln, Schlüssel aus Fenster werfen / Haustür nachts geschlossen, nicht klingeln wollen, durchs Fenster ins Haus kommen / keinen Schlüssel besitzen, klingeln, aber Haustür und Fenster bleiben geschlossen / ...

Hierbei spielen auch Assoziationen eine Rolle (vgl. Seite 25 f.).

Fassen wir die Übungsvorschläge noch einmal zusammen:

Vorgabe		Aufgabe
Kurztext	paßt zu mehreren verschiedenen Situationen	Beschreibung einer möglichen, zum Kurztext passenden Situation
Wortreihe	(Gruppe von Begriffen) als reduzierter Kurztext	Beschreibung einer möglichen, zur Wortreihe passenden Situation

Zur Assoziation

1. Der Lehrer gibt einen Begriff vor. Die Lerner werden aufgefordert, ohne jede Einschränkung alles zu nennen, was ihnen zum vorgegebenen Begriff einfällt, d.h. in Form einer freien Assoziation, z.B.
Blume = Garten ..., Vase ..., duften ..., Sommer ..., schön ..., blühen ..., ...

Das methodische Vorgehen läßt sich hier in vielfacher Weise variieren. So kann ein Lerner alle Begriffe nennen, die ihm einfallen, oder jeder Lerner nennt nur einen Begriff.

Es kann auch gefordert werden, daß sich jeder neu genannte Begriff auf den vorhergehenden, aber nicht auf den ersten bezieht, z.B.

Blume = Garten
    Garten = Obst
        Obst = süß
            süß = Zucker
                Zucker = ...

2. Zum Üben gebundener Assoziationen muß man den vorgegebenen Begriff mit bestimmten Bedingungen/Vorschriften verbinden. Dabei kann es sich z.B. um eine räumliche Begrenzung handeln:

Tiger / im Zirkus = Käfig ..., Zuschauer ..., Dompteur ..., dressiert ..., Beifall ..., ...
Falsch wäre dann z.B. Indien, Beute jagen, Tiere fressen, ...

Es ist sicher nicht schwierig, zahlreiche andere solcher Bedingungen zu finden, z.B.
● durch Einbettung in einen Satz:
  Der Arzt untersucht X. (Vgl. S. 25, Beispiele 17 und 18)
● durch die Angabe eines einschränkenden Problemkreises,
● durch Festlegung eines konkretisierten Zeitabschnittes.

Vögel / im Winter = Futterhäuschen ..., hungern ..., frieren ..., Vogelzug im Herbst nach Süden ..., ...
Falsch wäre z.B. Eier legen, Insekten fressen, ...

Diese Übungen können sehr gut als Vorbereitung auf die Einführung unserer Prämissenkonzeption dienen (Das trifft übrigens auf alle Beispiele und Übungsideen des Kapitels 4 zu), andererseits sind sie ebenso gut nach Vermittlung der Methode des bewußten Suchens nach Präsmissen beim kontextuellen Erschließen einsetzbar. Dann könnte man z.B. fragen, wie stark die gefundenen Begriffe als Prämisse wirken könnten, wie es in unserem Beispiel (19) auf Seite 26 beschrieben ist.

3. Eine recht reizvolle Variante – vor allem zur Auflockerung des Unterrichts – kann die Anti-Assoziations-Übung sein. Hier wird im Gegensatz zu dem Bisherigen gerade gefordert, Begriffe zu nennen, die zum vorgegebenen in keinerlei assoziative Beziehung gebracht werden können. Mag das zunächst etwas banal erscheinen, so zeigt sich doch sehr schnell, daß hierzu wesentlich größere Denkarbeit und Konzentration nötig ist. Da Assoziationen bei unseren Denkprozessen eine überragende Rolle spielen, fallen uns zugehörige Begriffe meist schneller ein als solche, die keine assoziative Bindung haben. Diese müssen von uns ‚hart erarbeitet‘ werden. Probieren Sie es einfach einmal aus!

Baum = Radio ..., Briefmarke ..., Auto ... (Protest möglich: Autos stoßen zuweilen gegen einen Baum/Autoabgase schädigen die Bäume.) ..., Buch (Protest möglich: Das Papier wird aus Holz von Bäumen gewonnen.)

Sie erkennen hierbei aber bestimmt schon das Problem: in vielen Fällen wird es wieder sehr subjektiv, das heißt, von der jeweiligen Person abhängig sein, ob sie eine Assoziation zwischen beiden Begriffen feststellt. Deshalb sollte eine ‚Jury‘ (aus zwei bis drei anderen Lernern gebildet) jede gegebene Antwort bestätigen oder ablehnen, wobei bestimmt nicht immer Einigkeit erzielt wird. Doch die Übung hat ja nicht den Sinn, im konkreten Beispiel eindeutige Ergebnisse festzulegen, sondern sie soll vielmehr allgemeine Erkenntnisse, Fähigkeiten und Fertigkeiten entwickeln helfen. Damit ähnelt sie insofern unserer Arbeit mit Prämissen, da auch dort weder Vollständigkeit noch eindeutige Entscheidungen gefordert werden und das subjektive Empfinden eine Rolle spielt.

Fassen wir noch einmal die Übungsvorschläge zusammen:

Vorgabe	Aufgabe
Begriff	Suchen Sie in freier Assoziation alle mit der ‚Vorgabe' verknüpften Begriffe!
Begriff	Suchen Sie in freier Assoziation einen Begriff, der mit dem jeweils letztgenannten verknüpft ist!
(1) Begriff (2) Vorschrift (als Satz, als räumliche oder zeitliche Bedingung, als Problemkreis)	Suchen Sie in gebundener Assoziation alle mit dem vorgegebenen Begriff verknüpften und die ‚Vorschrift' erfüllenden Begriffe!
Begriff	Suchen Sie Begriffe, die zur Vorgabe in keinerlei assoziativer Beziehung stehen!

Zu typischen Zusammenhängen

Die folgenden Übungen sollen den Lerner mit der Problematik der typischen Beziehungen in Texten vertraut machen. Ziel ist, daß der Lerner erkennt, daß

● den Sachverhalten, die in den Texten dargestellt sind, meist bestimmte typische Beziehungen zugrunde liegen,

● es aber neben den typischen und unmöglichen auch untypische, aber mögliche Sachverhalte gibt, die beim oberflächlichen Bearbeiten der Texte zu Schwierigkeiten beim Erfassen der Inhalte führen können,

● typische Beziehungen manchmal kulturkreisabhängig sind und oft nur zusammen mit Wissen über den anderen Kulturkreis erkannt und genutzt werden können.

1. Frage nach typischen Reaktionen im allgemeinen:

   – Welche Antwort bzw. Reaktion ist für einen Schüler typisch?
     • der zu spät zum Unterricht kommt,
     • der die Hausaufgaben nicht gemacht oder vergessen hat,
     • der auf eine Frage nicht antworten kann?
   – Welche Äußerungen bzw. Reaktionen sind für einen Lehrer typisch,
     • wenn ein Schüler zu spät kommt,
     • wenn die Disziplin oft zu wünschen übrig läßt,
     • wenn er selbst einen Fehler gemacht hat?

Dazu sind bestimmt noch zahllose weitere Beispiele zu finden. Oft ist es günstig, die Situation in einem kleinen Rollenspiel zu gestalten.

2. Frage nach typischen Reaktionen, die für den Lerner selbst zutreffen (Was ist typisch für Sie?):

– Wie reagieren Sie, wenn Sie zu spät kommen?
– Wie reagieren Sie, wenn Sie jemand in der Disco / in der Straßenbahn / auf der Straße beleidigt oder beschimpft?
– Wie reagieren Sie, wenn ...

3. Frage nach typischen Handlungsabläufen:

– Welche typischen Handlungen laufen bei einem Gaststättenbesuch / in einer Unterrichtsstunde / beim Einkauf im Supermarkt / ... ab?

4. Frage nach untypischen (aber möglichen!) Antworten, Reaktionen und Handlungsabläufen:

– Was wäre in den Beispielen aus a), b) und c) sehr untypisch aber möglich?

5. Frage nach typischen (untypischen) Merkmalen und Beziehungen:

– Was ist typisch / untypisch für einen Vogel?
 • typisch: fliegen / Schnabel / Federn / Eier legen / auf dem Baum sitzen/Insekten fressen / ...
 • untypisch (aber möglich): sprechen / im Auto fahren / ...
– Was ist typisch / untypisch für einen Popsänger / Politiker / Polizisten / Deutschen / ...?
– Was ist typisch / untypisch für
 • eine deutsche Wohnungsausstattung,
 • deutsches Essen?

6. Frage nach typischen Gegebenheiten aus dem Kulturkreis des Lerners:

– Was ist in Ihrem Land typisch, aber in Deutschland nicht und umgekehrt?

7. Auffinden von in Texten dargestellten typischen, aber möglichen Sachverhalten:

– Ist folgender Text typisch?
 • „Peter hat Geburtstag. Seine Freundin Monika besucht ihn, und er überreicht ihr ein Geschenk." (Vgl. Beispiel (7) Seite 13)
 • „Auf seinem Spaziergang begegnete ihm das Ehepaar Neumann. Freudig begrüßte er Herrn Neumann, dann gab er Frau Neumann die Hand. Gemeinsam gingen sie weiter."
 Was ist untypisch? Gilt dies auch für Ihr Land?
– Welchen typischen Begriff können Sie für ‚X' einsetzen?
 Was wäre untypisch?
 • „Er nimmt X und schlägt damit einen Nagel in die Wand." (Vgl. Beispiel (6) Seite 13)
 „Plötzlich begann es stark zu regnen. Sie öffnete ihre Tasche und nahm X heraus, um sich vor dem Regen zu schützen."

Auch bei den Übungen zur Assoziation (Seite 90) und zur ganzheitlichen Textverarbeitung (Seite 89) können typische Begriffe bzw. typische zugehörige Situationen von untypischen unterschieden werden (vgl. auch Beispiel (14) Seite 21).

Fassen wir die Übungsvorschläge zusammen:

Vorgabe	Frage
Situation	nach typischen / untypischen Reaktionen
Situation	nach typischem / untypischem Handlungsablauf
Begriff	nach typischen / untypischen Merkmalen
Kulturkreis (des Lerners)	nach typischen Beziehungen (und Unterschieden zu Deutschland)
Text	nach untypischen (aber möglichen) Sachverhalten im Text

Zur Arbeit mit Lehrbuchtexten und Originaltexten

Dem folgenden Text wollen wir noch einige weitergehende Anmerkungen und Übungsmöglichkeiten anschließen. Unser Text ist das Märchen ‚Des Kaisers neue Kleider'. Gerade Märchen enthalten zuweilen sehr viele lexikalische Einheiten und Redewendungen, die den Lernern nicht geläufig sind oder ihnen Schwierigkeiten bereiten, sie sind deshalb oft unbekannt, weil sie selten sind oder der Umgangssprache entstammen. Doch nun zunächst das Märchen.

Des Kaisers neue Kleider

(Hans Christian Andersen, gekürzte Fassung)

Vor vielen Jahren lebte ein Kaiser, der hatte hübsche, neue Kleider so gern, daß er sein ganzes Geld ausgab, nur um richtig schön zu sein. Er hatte ein Gewand für jede Stunde des Tags; und wie man von einem König sagt, er ist im Rat, so sagte man hier stets: „Der Kaiser ist im Kleiderschrank!"

Eines Tags kamen zwei Betrüger, die gaben sich für Weber aus und behaupteten, sie verstünden es, den herrlichsten Stoff zu weben, den man sich denken könne. Nicht nur die Farben und das Muster seien ungewöhnlich hübsch, sondern die Kleider, die aus dem Tuch genäht würden, hätten die seltsame Eigenschaft, für jedermann unsichtbar zu werden, der für sein Amt nicht tauge oder auch sträflich dumm sei.

„Das wären ja herrliche Kleider!" dachte der Kaiser. „Wenn ich die anhätte, könnte ich herauskriegen, welche Männer in meinem Reich für das Amt, das sie haben, nicht taugen; ich könnte die Klugen von den Dummen unterscheiden! Ja, dieser Stoff muß sofort für mich gewebt werden!" Und er zählte den beiden Betrügern viel Geld in die Hand, damit sie mit ihrer Arbeit beginnen möchten.

Jene stellten nun zwei Webstühle auf, taten, als ob sie arbeiteten, aber sie hatten nichts auf ihrem Stuhl. Ohne Bedenken verlangten sie die feinste Seide und das prächtigste Gold. Das steckten sie in ihren eigenen Beutel und arbeiteten an ihren leeren Stühlen, und zwar bis tief in die Nacht hinein.

„Jetzt möcht ich doch wissen, wie weit sie mit ihrem Stoff sind!" dachte der Kaiser; aber ihm war richtig sonderbar zumut, wenn er daran dachte, daß der, der dumm war oder für sein Amt schlecht taugte, das Gewebe nicht sehen konnte.

„Ich will meinen alten, ehrlichen Minister zu den Webern schicken", dachte der Kaiser, „der kann am besten beurteilen, wie dieser Stoff aussieht, denn er hat Verstand, und keiner versieht sein Amt besser als er."

Jetzt ging der alte, ehrliche Minister in den Saal, wo die beiden Betrüger saßen und an ihren leeren Webstühlen arbeiteten. „O Gott!" dachte er und sperrte die Augen auf. „Ich kann ja nichts sehen!" Aber das sagte er nicht.

Die beiden Betrüger forderten ihn auf, näherzu-
treten, und sie fragten ihn, ob es kein hübsches
Muster und keine herrlichen Farben seien.
„Na, Sie sagen ja garnichts?" fragte der eine,
der webte.
„Ach, es ist reizend, ganz allerliebst!" antwortete
der alte Minister und schaute durch seine Brille.
„Dieses Muster und diese Farben! Ja, ich wills dem
Kaiser sagen, daß es mir ganz besonders gut ge-
fällt!"
„Na, das freut uns aber!" meinten die beiden Weber.

Und jetzt nannten sie die Farben mit Namen und beschrieben das seltsame Muster. Der alte Minister
hörte gut zu, um das gleiche sagen zu können, wenn
er nach Hause zum Kaiser käme; und das tat er auch.
Jetzt begehrten die Betrüger mehr Geld, mehr Seide
und Gold. Das bräuchten sie zum Weben. Aber sie
steckten alles in ihre eigene Tasche, und auf den
Webstuhl kam kein Faden. Dann fuhren sie fort, wie
bisher an den leeren Stühlen zu weben.
Alle Leute in der Stadt sprachen von dem prächtigen
Stoff.

Jetzt wollte ihn der Kaiser selbst sehen, solange
er noch auf dem Webstuhl war. Mit einer ganzen Schar
ausgesuchter Männer, unter denen sich auch der
alte, ehrbare Minister, der schon früher dagewesen
war, befand, ging er zu den beiden schlauen Betrügern, die jetzt aus Leibeskräften webten, jedoch ohne
Faden und Zwirn webten, hinein.
„Ja, ist es nicht ‚magnifique!'!" meinte der ehrbare
Minister. „Geruhen Euer Majestät hinzuschauen!
Welches Muster! Welche Farben!" Und dann deutete
er auf den leeren Webstuhl, denn er glaubte, die
andern könnten das Tuch gewiß sehen.

„Was!" dachte der Kaiser. „Ich sehe garnichts! Das
ist ja entsetzlich! Bin ich denn dumm? Tauge ich
nicht, Kaiser zu sein? Das ist doch das Schreck-
lichste, was mir passieren konnte!" – „Ach, es ist
wirklich hübsch!" sagte er. „Es hat meinen aller-
höchsten Beifall!" Und er nickte zufrieden und be-
trachtete den leeren Webstuhl, denn er wollte nicht
sagen, daß er nichts sah. Das ganze Gefolge, das er
mithatte, schaute und schaute. Aber sie konnten
nicht mehr herauskriegen als alle die andern, und so
sprachen sie wie der Kaiser: „Ach, es ist wirklich
hübsch!" Und sie rieten ihm, zum erstenmal ein Gewand aus diesem neuen, prächtigen Stoff bei der
großen Prozession anzulegen, die bevorstand.

„Magnifique! Allerliebst! Excellent!" gings von
Mund zu Mund, und alle waren äußerst zufrieden
damit. Der Kaiser gab jedem Betrüger ein Ritterkreuz,
es ins Knopfloch zu hängen, und dazu noch den Titel
„Webjunker".

Die ganze Nacht vor dem Morgen, an dem die Prozession stattfinden sollte, saßen die Betrüger auf
und hatten sechzehn Kerzen brennen. Die Bevölkerung
konnte sehen, sie hatten es eilig, die neuen Kleider
des Kaisers fertigzukriegen. Sie taten, als nähmen
sie das Tuch vom Webstuhl, sie schnitten mit großen
Scheren in die Luft, sie nähten mit Nadeln ohne
Faden und behaupteten zuletzt: „Seht, jetzt sind
die Kleider fertig!"

Der Kaiser mit seinen vornehmsten Höflingen kam
selbst zu ihnen, und die beiden Betrüger erhoben
jeweils den einen Arm, als hielten sie etwas, und
sagten: „Seht, hier sind die Hosen, hier ist der
Rock und hier der Mantel!" Und so gings weiter.
„Es ist so leicht wie Spinnwebe! Man sollte glauben,
man hätte nichts am Leib, aber gerade darin liegt
ja der Vorteil!"

Der Kaiser zog alle seine Kleider aus, und die Betrüger taten, als gäben sie ihm die neugenähten
Gewänder, jedes einzelne, Stück für Stück. Und sie
griffen ihm um den Leib und banden gleichsam etwas
fest, und das war die Schleppe. Und der Kaiser wand
und drehte sich vor dem Spiegel.

„Mein Gott, wie das wunderbar kleidet! Wie das herr-
lich sitzt!" riefen alle miteinander. „Welches
Muster! Welche Farben! Das sind kostbare Kleider!"
Die Kammerherren, die die Schleppe tragen sollten,
tasteten mit den Händen den Boden entlang, als er-
griffen sie die Schleppe. Sie schritten und hielten
sie in der Luft, denn sie wagten nicht, es sich an-
merken zu lassen, daß sie nichts sehen konnten.
Und dann ging der Kaiser in der Prozession unter
dem herrlichen Thronhimmel, und alle Leute auf der
Straße und in den Fenstern riefen: „Herrgott, wie
unvergleichlich sind doch die neuen Kleider des
Kaisers!"

„Aber er hat ja nichts an!" sagte ein kleines
Kind. – „Mein Gott, hört die Stimme der Unschuld!"
rief der Vater; und der eine flüsterte es dem
andern zu, was das Kind gesagt hatte:
„Er hat ja nichts an! sagt ein kleines Kind,
er hat ja nichts an!"
„Er hat ja nichts an!" rief zuletzt das ganze
Volk, und es kroch dem Kaiser eiskalt den Rücken
entlang, denn er merkte, sie hatten recht.
Dann aber dachte er: „Jetzt muß ich die Prozession
schon aushalten!" Und dann ging er noch stolzer,
und die Kammerherren trugen die Schleppe, die
garnicht da war!

Quelle: *Deutsch aktiv 3*, Materialien für die Mittelstufe Teil 1)

Folgende Aufgabenstellungen können nun von dem Lerner bearbeitet werden:
- Markieren Sie die Ihnen unbekannten Wörter und Wendungen!
  Welche Bedeutungen müssen Sie nicht suchen, weil sie für das Textverständnis insgesamt unwichtig sind? Welche Bedeutungen müssen Sie unbedingt erschließen?
- Für welche Wörter oder Wendungen kann man Prämissen finden und sie für das Erschließen nutzen?
  (Hier kann man nach der Übungsvariante 1 des Beispiels (29) auf Seite 72 vorgehen und gegebenenfalls die Übungsvariante 4 (Seite 74) anschließen.)
  Dabei sollte man außerdem den Lerner nochmals darauf hinweisen, daß insbesondere bei langen Texten ein Weiterlesen oft weitere Prämissen finden läßt, wenn z.B. unbekannte Wort nochmals auftaucht, z.B.

,Gewand'

Das Wort tritt erstmals in Zeile 4 des Textes auf; die in diesem Abschnitt vorhandenen Prämissen geben dem Lerner bestimmte Hinweise. Vor dem Griff zum Wörterbuch aber – zur Präzisierung oder Bestätigung der Annahme – sollte er erst einmal weiterlesen. Dann wird er das Wort in den Zeilen 46 (S. 96) und 20 (S. 97) erneut vorfinden, und die hinzugekommenen Prämissen werden die Bedeutung so präzisieren, daß ein Nachschlagen im Wörterbuch entfallen kann.
Stellen Sie selbst einmal jeweils die entsprechenden Prämissen zusammen!
Ist es für den Lerner noch zu schwierig, solche Wörter und Wendungen zu finden, können sie ihm vom Lehrer vorgegeben werden (z.B. eben ,Gewand'), und dann werden sie entsprechend bearbeitet. Das heißt, es ist günstig, wenn der Lehrer einige geeignete Wörter bei seiner Vorbereitung heraussucht und parat hat.
- Welche anderen Semantisierungsmöglichkeiten für die Ihnen unbekannten Wörter können Sie nutzen, bevor sie im Wörterbuch nachsehen oder den Lehrer fragen?
  Wie helfen Ihnen die Bilder dabei?
  Wie hilft Ihnen die Kenntnis des Märchens in Ihrer Muttersprache?
  Helfen Ihnen Wortbildungsregeln oder Analogien zu Ihrer Muttersprache?

Die unbekannten Wörter und Wendungen, die nach den oben genannten Methoden noch immer nicht erschließbar sind, müssen dennoch auch jetzt noch nicht einfach durch den Lehrer oder ein zweisprachiges Wörterbuch übersetzt oder erklärt werden.
Folgende beiden Möglichkeiten fordern noch immer ein logisches Durcharbeiten mit all seinen positiven Effekten:
1. Nutzung eines einsprachigen Wörterbuches. Da hier meist mehrere Bedeutungsvarianten angegeben werden, muß – im Vergleich mit dem Kontext – die zutreffende bestimmt werden.

Beispiele:
Lesen Sie die verschiedenen Bedeutungen im einsprachigen Wörterbuch, und bestimmen Sie mit Hilfe der gefundenen Prämissen aus dem Text die zutreffende Bedeutung!

• ‚Gewand'   **Ge'wand** ⟨n.; -(e)s, ⁻er (poet. a.) -e⟩ **1** ⟨veralt.⟩
Tuch **2** *Kleid, Festkleid, Ornat;* Meß~ **3** ⟨fig.⟩
Äußeres, äußere Erscheinungsform, Maske; im
~ des Biedermannes; unsere Zeitschrift erscheint in neuem ~

• ‚Gewebe'   **Ge'we·be** ⟨n.; -s, -⟩ **1** ⟨Web.⟩ *Verbindung von
sich kreuzenden Fäden, der daraus bestehende
Stoff;* baumwollenes, kunstseidenes, reinsei-
denes, synthetisches, wollenes ~; bedrucktes,
buntes, einfarbiges, gemustertes ~; dichtes,
dünnes, grobes, leichtes, lockeres, weiches ~ **2**
⟨fig.⟩ *verflochtenes, schwer zu entwirrendes
Gefüge;* Lügen~; ich werde das ~ seiner
Lügen zerreißen; er hat sich im ~ seiner
Lügen verstrickt; von einem ~ aus Ablehnung
und Mißtrauen umgeben sein **3** ⟨Biol.⟩ *Gefüge
gleichartiger Zellen;* Zell~; ~ der Drüsen,
Knochen, Muskeln, Nerven; ~ verpflanzen;
das krankhafte ~ wuchert weiter; embryona-
les, krankes, organisches, totes ~

• ‚Leib'   **Leib** ⟨m.; -(e)s, -er⟩ **1** ⟨i. w. S.⟩ *(menschl. od. tier.)
Körper;* er zitterte am ganzen ~e; den Teufel
im ~e haben **1.1** drei Schritt vom ~e! ⟨umg.⟩
nicht zu nahe an mich heran! **1.2** bleib mir vom
~e! *komm mir nicht zu nahe!* **1.3** der ~ des
Herrn ⟨geh.⟩ = *Hostie* **2** ⟨i. e. S.⟩ *Bauch, Ma-
gen, Unterleib;* der ~ schmerzt **2.1** nichts
im ~e haben *nichts gegessen haben, hungrig
sein* **3** ⟨veralt.; nur noch in formelhaften Ver-
bindungen⟩ ~ und Gut für etwas wagen *Leben
und Gut für etwas wagen* **3.1** Gefahr für ~ und
Leben ⟨fig.⟩ *für Freiheit u. Leben* **4** keine Ehre
im ~e haben *völlig ehrlos sein* **4.1** kein Herz
im ~e haben ⟨fig.⟩ *kalt u. herzlos sein* **4.2** er hat kaum noch ein Hemd auf dem
~e *er ist sehr arm* **5** ⟨fig.; in festen Wendungen⟩
5.1 drei Schritte vom ~e! *damit will ich nichts
zu tun haben* **5.2** bleib mir nur damit vom ~e!
laß mich nur damit in Ruhe **5.3** sich jmdn. vom
~e halten *jmdn. fernhalten, Abstand halten
gegenüber jmdm.* **5.4** jmdm. zu ~e gehen, rük-
ken *jmdn. angreifen* **5.5** jmdm. auf den ~ rük-
ken *jmdn. mit etwas bedrängen* **5.6** einer
Sache zu ~e gehen *eine S. tatkräftig anpak-
ken* **5.7** gut essen und trinken hält ~ und Seele
zusammen *macht einen gesund u. fröhlich* **5.8**
mit ~ und Seele *ganz u. gar, völlig* **5.9** seinen
~ pflegen ⟨umg.⟩ *faul sein, nicht arbeiten*

(Quelle: *Deutsch aktiv 3*, Mittelstufe, Arbeitsbuch zu Teil 1 und 2)

2. Hilfestellung durch ein Auswahlangebot, besonders bei schwierigen oder umgangs-
sprachlichen Wendungen. Die richtige Variante ist mit Hilfe des Kontextes zu finden
und anzukreuzen.

Beispiele:

Z 5 Und wie man von einem König sagt, <u>er ist im Rat</u>, so …

☐ a. er weiß keinen Ausweg mehr,

☐ b. er sucht Hilfe bei seinem Arzt,

☐ c. er überlegt mit seinen Ministern,

Z 15 Die Kleider würden für jedermann unsichtbar, <u>der für sein Amt nicht tauge.</u>

☐ a. der in seinem Beruf nicht wichtig sei.

☐ b. der in seinem Beruf nichts kann.

☐ c. der für seinen Beruf nicht geeignet ist.

Z 24 <u>Ohne Bedenken</u> verlangten sie die feinste Seide und das prächtigste Gold.

☐ a. Sie überlegten nicht lange und …

☐ b. Ohne Skrupel zu haben, …

☐ c. Sie wollten gleich mit der Arbeit beginnen. Deshalb …

Z 34 <u>Ihm war</u> richtig <u>sonderbar zumute</u>, wenn er daran dachte, …

☐ a. Er befand sich in einer angenehmen Stimmung,

☐ b. Er war ziemlich überrascht,

☐ c. Er bekam ein ganz merkwürdiges Gefühl,

Z 74 Die Betrüger webten <u>aus Leibeskräften.</u>

☐ a. um ihren Körper zu trainieren.

☐ b. ohne ihren Körper anzustrengen.

☐ c. mit aller Kraft.

Z 143 Es <u>kroch</u> dem Kaiser <u>eiskalt den Rücken entlang.</u>

☐ a. Es war eiskalt.

☐ b. Der Kaiser war eiskalt.

☐ c. Dem Kaiser wurde kalt vor Angst und Schrecken.

(Quelle: *Deutsch aktiv 3*, Mittelstufe, Arbeitsbuch zu Teil 1 und 2)

Solche Übungen sind vom Lehrer auch für unbekannte Einzelwörter äußerst einfach
selbst zu erstellen und zwingen im Gegensatz zur direkten Erklärung oder Übersetzung zum logischen Durcharbeiten des Textes und zur Zuhilfenahme von Prämissen.

Schließlich enthalten Märchen sehr oft kulturkreisabhängige Wörter, Wendungen und
Inhalte, die mit Hilfe des Kontextes verdeutlicht werden können.

Nicht immer kann man sich bei der Behandlung eines Lehrbuchtextes so ausführlich
wie in den bisher dargestellten Beispielen mit dem kontextuellen Erschließen befassen.
Aber es genügt ja auch, wenn man ab und zu wenigstens bei e i n e m Wort an die Nutzung der Prämissen erinnert. Und solch ein Wort dürfte fast immer zu finden sein.
In dem folgenden kleinen Text ist es z.B. der Begriff ‚Anhalter‘, der – sofern er dem
Lerner noch unbekannt ist – vor der Behandlung des Textes über das bewußte Suchen
nach Prämissen erschlossen werden muß.

‚Per Anhalter reisen – ein Abenteuer?'

In der Reisezeit sieht man es immer wieder: junge Leute stehen an den Straßen und wollen mitgenommen werden.

Was bewegt junge Leute, auf diese doch recht unsichere Art zu reisen? Es gibt andere, bequemere und auch nicht zu teure Arten des Reisens. Ist es Abenteuerlust? Ist es der Reiz des Ungewissen? Sie vertrauen sich Zufällen an, denn sie wissen ja vorher nie genau, ob sie ihr geplantes Urlaubsziel auch erreichen. Ist es diese Unbestimmtheit des Reisens, das Abenteuer, an dem sie Spaß finden? Es wird wohl so sein.

Und wer nimmt Anhalter mit? Sind es alleinfahrende Autofahrer, die eine längere Strecke unterwegs sind und sich unterhalten möchten, oder sind es solche, die anderen helfen oder eine Freude machen wollen oder mit dem Jugendlichen, der vielleicht gerade am Straßenrand draußen im Regen steht, Mitleid haben?

Doch es gibt auch Risiken, für den Anhalter ebenso wie für den Autofahrer. Immer wieder wird vor dieser Art des Reisens gewarnt. Und Zeitungen berichten nicht selten, daß Anhalter bei Autofahrern zugestiegen sind, die nichts Gutes im Schilde führten, oder daß ein Autofahrer einen Anhalter mitgenommen hat, der Böses im Sinn hatte. Aber das alles muß man richtig sehen und darf es nicht verallgemeinern. Gemessen an der Zahl der Anhalter, die jedes Jahr auf den Landstraßen unterwegs sind und ihr Ziel erreichen, handelt es sich hier ja nur um tragische Einzelfälle.

Trotzdem, einem Mädchen sollte man abraten, allein bei einem unbekannten Autofahrer zuzusteigen, ebenso wie man auch einer alleinfahrenden Autofahrerin nicht empfehlen kann, einen Anhalter in ihr Auto zusteigen zu lassen.

(Quelle: *Deutsch mit Erfolg 2*, Fortgeschrittene, S. 19)

Man kann aber auch – z.B. bei präparierten Texten – inhaltliche Fehler suchen lassen, wozu das ganzheitliche Erfassen des jeweiligen Sachverhaltes Voraussetzung ist.

Ein entsprechendes Beispiel soll unsere Hinweise zur Arbeit mit Lehrbuch- und Originaltexten abschließen:

(Originaltext)

Warum nicht deutsch? Von Karl R. Pogarell

Ich habe viel mit Ausländern zu tun – mit denen, die in politischen Rechenschaftsberichten unter dem Stichwort „Internationale Beziehungen" zu finden sind. Diese Leute haben Probleme.

Sie brauchen zum Beispiel ein Visum, eine Wohnung, Geld. Sie alle wollen die deutsche Sprache erlernen oder ihre Sprachkenntnisse verbessern. Letzteres ist leider unmöglich. Deutsch kann man hier nicht lernen. Vielleicht in Peking, New York oder Istanbul, aber nicht hier.

Erstes Beispiel: Ich gehe mit einem chinesischen Hochschullehrer zum Ausländeramt der Stadt. Der Professor braucht eine Visumsverlängerung, sonst kann er seine Untersuchungen zu Goethe nicht abschließen. Der für Asiaten zuständige Beamte – er ignoriert den Gelehrten, spricht meistens mit mir. In einem Anfall von Wachsamkeit und Pflichteifer wendet er sich schließlich noch an jenen und fragt: „Du wollen hier arbeiten, du wollen immer hier bleiben?"

Beispiel zwei: Ein Amerikaner hat lange gebüffelt, bis er die Sprache mit den vielen Fällen einigermaßen beherrschte, nun will er in Deutschland die Probe aufs Exempel machen. Er äußert auch den Wunsch, gelegentlich Tennis zu spielen.

Wir fahren zu einem Verein, ich ermittle den Vorsitzenden inmitten einer großen Runde Biertrinkender und erläutere ihm die Absicht des jungen Mannes aus Kalifornien. Die Herren und Damen sind begeistert. Ein richtiger Amerikaner! Bei uns! Sie stürzen auf ihn zu.

„Nice to see you, of course you can play tennis here on our place. My name is soundso, what is your name, where do you come from?"

„Ich komme aus Kalifornien und heiße David soundso, ich bin hier, um meine Deutschkenntnisse zu verbessern, aber ich würde auch gern ein wenig Tennis spielen."

„Oh, you are comming from California, it's great. I know this beautiful country from my last holidays. From which city are you comming from?"

„Aus Long Beach in Südkalifornien, es ist immer sehr warm dort, aber Deutschland gefällt mir auch sehr gut, ich bin sehr glücklich hier."

„Yes, yes. I know, I understand!"

Ich versuche den Vereinsvorsitzenden darauf aufmerksam zu machen, daß sein Verständnis möglicherweise damit zusammenhängen könnte, daß unser Gast recht passabel deutsch spricht. Vielleicht könnte er ja auch Deutsch sprechen, nur so, weil der David ja noch lernen wolle.

„He speaks German?" Der Mann blickt mich erstaunt an.
„Yes", sage ich.

(Quelle: *Deutsch aktiv neu*, Lehrbuch 1B, S. 119)

101

Der folgende Text gibt den Inhalt des eigentlichen Originaltextes nicht immer richtig wieder. Deshalb soll der Lerner den Originaltext mit dem vorliegenden fehlerhaften vergleichen, die Fehler markieren und den Text schließlich korrigieren.

Ich habe mit vielen Ausländern zu tun; diese Leute haben Probleme. Sie wollen hier die deutsche Sprache erlernen oder ihre Sprachkenntnisse verbessern, weil das in ihren Heimatländern unmöglich ist.

Erstes Beispiel: Ein chinesischer Professor braucht ein neues Visum, damit er seine Untersuchungen zu Goethe abschließen kann. Der Beamte des Ausländeramtes kennt den Professor nicht, deshalb spricht er nur mit mir; plötzlich fragt er mich: „Du wollen hier arbeiten, du wollen immer hier bleiben?"

Beispiel zwei: Ein Amerikaner, der lange Deutsch gelernt hat, bis er die Sprache in jedem Fall sicher beherrschte, will in Deutschland die Probe aufs Exempel machen. Er äußert auch gelegentlich den Wunsch, Tennis zu spielen.

Wir fahren zu einem Verein. Ich erkläre dem Vorsitzenden den Wunsch des jungen Amerikaners. Der Vorsitzende und seine Frau sind begeistert; sie sprechen auf englisch mit ihm. Der Amerikaner antwortet sofort englisch: Er erklärt, daß er aus Kalifornien kommt und in Deutschland vor allem Tennis spielen möchte. "Yes, yes, I know, I understand!" antwortet der Vereinsvorsitzende.

~~~ = *falsch*

(Quelle: *Deutsch aktiv neu*, Arbeitsbuch GS 2, S. 43))

102

Anmerkungen

(1) Die Bedeutung des Wortes ‚X' ist natürlich ‚Knopf'.

(2) Mögliche Prämissen zu ‚Zirkel' sind in diesem Beispiel ‚zeichnet mit' und ‚Kreis'.
Mögliche Prämissen zu ‚Mütze' sind ‚kalt' und ‚auf dem Kopf'.
Vielleicht haben Sie (noch) andere Prämissen gefunden. Das muß nicht unbedingt ein Fehler sein. Mehr dazu erfahren Sie beim Weiterlesen.

(3) 1. Die Bedeutungen sind ‚Nadel' für ‚X' und ‚Faden' für ‚Y', wie Sie sicher ohne Schwierigkeiten gefunden haben.
   2. Prämissen für diese Stammwörter könnten sein:
      Nadel: ‚(da)mit', ‚annähen', ‚Loch (haben)' (3 Prämissen)
      Faden: ‚annähen', ‚dazu brauchen', ‚lang', ‚schwarz', ‚durch Loch ziehen' (5 Prämissen)
   3. Beim Stammwort ‚Nadel' haben wir das Anordnungsprinzip B (alle Prämissen folgen nach), bei ‚Faden' haben wir AB (Prämissen vor und nach dem Stammwort).
   4. Für die Ordnung der Stärke nach könnte gelten:
      Nadel: ‚annähen', ‚Loch (haben)', ‚(da)mit'
      Faden: ‚annähen', ‚durch Loch ziehen', ‚dazu brauchen', ‚schwarz', ‚lang'.

(4) „Ein zur Seite springendes Holzscheit hatte sie unglücklich am Kopf getroffen."

(5) 1. Ohne Schwierigkeiten findet man zahlreiche Begriffe. Lassen Sie uns 20 Beispiele aufführen, Sie haben vielleicht mehr oder weniger oder einige andere notiert.
      Galerie / schön / Kunsthändler / Kunstmaler / ansehen / Pinsel / hängen / Ausstellung / Sammler / Wand / Geld / Rahmen / abstrakt / malen / Talent / Besucher / Kunst / Atelier / Farbe / Mühe.
   2. Eine mögliche (durch uns subjektiv geprägte) Einteilung könnte sein:

stark		schwach	
Galerie	Pinsel	schön	Besucher
Kunsthändler	Rahmen	Wand	hängen
malen	abstrakt	Sammler	Kunst
Ausstellung	Atelier	ansehen	Geld
Kunstmaler	Farbe	Talent	Mühe

   Beachten Sie dabei immer, daß nicht die Stärke der semantischen Beziehungen, sondern die Wirksamkeit des Wortes ‚Gemälde' als Prämisse zum Erschließen der assoziierten möglichen Stammwörter ausschlaggebend ist.
   3. Für die gebundene Assoziation gibt es wesentlich weniger Begriffe. Sie könnten aber alle in der Liste zur Aufgabe 1 enthalten sein. Aus unseren Beispielen könnte man auswählen:
      X_1: Kunstmaler /Kunsthändler / Sammler
      X_2: Ausstellung / Galerie / Atelier
      Die gebundenen Assoziationen erzeugen vorwiegend Stammwörter, für die das vorgegebene Wort eine starke Prämisse darstellt.
   4. Es handelt sich dabei um eine durch den Genitiv geforderte Attributrelation zu ‚Gemälde' und ein durch die Präposition ‚in' geforderte Lokationsrelation im Zusammenwirken mit einer anderen Prämisse ‚betrachten'.

(6) Wenn Sie jetzt zu diesen drei Aufgaben eine ‚Auflösung' erwartet haben, müssen wir Sie leider enttäuschen. Natürlich könnten wir ‚unsere' Antworten niederschreiben, aber sie würden sich mehr oder weniger von Ihren unterscheiden. Ziel der Aufgaben war es nicht, zu einer ‚richtigen' Meinung zu kommen, die es in absoluter Form ohnehin nicht gibt. Mit der Lösung der Aufgabe wollten wir erreichen, daß Sie selbst aktiv handelnd tätig sind und dadurch tiefer in die Problematik eindringen, als das beim bloßen Lesen möglich ist.
Sollten Sie die Möglichkeit haben, die Antworten in einer Gruppe von Fremdsprachenlehrern gemeinsam zu erarbeiten und zu diskutieren, werden Sie erleben, wie viele verschiedene subjektive Auffassungen es gibt, ohne daß man sie als falsch empfindet, welch größere Gedan-

kentiefe aber in der Diskussion erreicht wird und mit welch weit höherem Erkenntnisgewinn für Sie selbst.

Eine gewisse Möglichkeit der Objektivierung solcher Antworten in einem bestimmten, begrenzten Rahmen stellt die Befragung einer größeren Anzahl von Lehrern dar. (Vgl. RÖHR, 1989)

(7)

Fenster		Flasche	
– Zimmer hat	– 0	– Limonade	+ 0
– zwei	– 0	– Öffner	+ 1
– auf einen Park blicken	+ 0	– aus X eingießen	+ 2
– öffnen	+ 6		
Fall AB		Fall B	
Wir haben 4 Prämissen gefunden.		Wir haben 3 Prämissen gefunden.	

(8)

Schirm		Paket	
– es regnet	+ 1	– zur Post	– 4
– nicht naß werden	+ 1	– abschicken	+ 0
– unter der Tasche	+ 4	– Geschenk ist im X	+ 1
– aufspannen	+ 6	– nicht schwer	+ 3
Fall B		Fall AB	
Wir haben 4 Prämissen gefunden.		Wir haben 4 Prämissen gefunden.	

(9)

Schirm	
– Ausflug	– 4
– nicht mit dem Zug	– 3
– auf dem Wasser	– 2
– zur Elbe gehen	– 1
– unter der Brücke	– 0
Fall A	
Wir haben 5 Prämissen gefunden.	

(10)

Bahnhof	
– abholen	+ 1
– Zug ist angekommen	+ 3
– Reisende	+ 4
– Ausgang	+ 5
– Fahrplan	+ 6
– Restaurant	+ 7
Fall B	
Wir haben 6 Prämissen gefunden.	

(11)

Neues Wort			Prämissen		
	bekannt		A B AB	Anzahl	Nennen Sie die Prämissen
	nein	ja			
Dach	X		A	3	– schräge Wände – ganz oben – unter dem X
Treppe	X		B	3	– steil – Stufen – hinuntergehen
Keller	X		AB	3	– Schlüssel für – dunkel – kleines Fenster
Sattel	X		B	2	– des Fahrrades – sitzen auf

(12) (a) ‚raqueta' ist ein Tennis- oder Federballschläger; die ‚Rakete' ist ‚cohete'.
    (b) ‚tapete', ist ein kleiner Teppich; die ‚Tapete' bezeichnet man als ‚papel en colores' oder ‚papel pintado (para empapelar)'
    (c) ‚éxito' ist der Erfolg; ein ‚Exitus' ist ‚fallecimiento'.
    (d) ‚presidio' ist das Gefängnis; das ‚Präsidium' heißt ‚presidencia'.
In bestimmten Fällen kann das schon zu peinlichen Verwechslungen führen. Auch in solchen ‚so einfach' erscheinenden Fällen sollte stets der Kontext mit seinen Prämissen als Kontrolle herangezogen werden.

(13) (e) ‚riesgo' ist das Risiko.
    (f) ‚visado' bedeutet Visum.
    (g) ‚deporte' heißt Sport.
    (h) ‚armonioso' ist harmonisch.
    (i) ‚aislamiento' heißt Isolation.

(14) 1. Prämissen zum unbekannten Wort:
    fünf / fehlt / Mantel hat / verloren
    2. Ordnung nach der Qualität:
    Mantel hat / verloiren / fehlt / fünf
    3. Mögliche Stammwörter zur stärksten Prämisse:
    ‚Mantel hat': Ärmel / Kragen / Knopf / Schnalle / Gürtel / Tasche / Henkel / Futter / Etikett / ...
    4. Streichung der für die nachfolgenden Prämissen nicht zutreffenden Stammwörter:
    ‚verloren' und
    ‚fehlt': Nach der Streichung bleiben noch: Knopf / Schnalle / Gürtel
    ‚fünf': Nach der Streichung bleiben noch: Knopf / Schnalle
    5. Entscheidung, ob im Text die Semantisierung des unbekannten Wortes als Knopf oder Schnalle ausreicht oder noch differenziert werden muß, und ob diese Bedeutungsmöglichkeiten dem Sachverhalt insgesamt entsprechen können.

(15) Hypothese:
‚Lexik, die sich der Lerner durch Erschließen aus dem sprachlichen Kontext durch bewußte Prämissensuche und -nutzung angeeignet hat, wird von ihm besser und dauerhafter behalten als mit Hilfe von Listen gelernte Lexik.'

(16) Vorschlag zur Untersuchung der Abhängigkeit der Behaltensleistung:

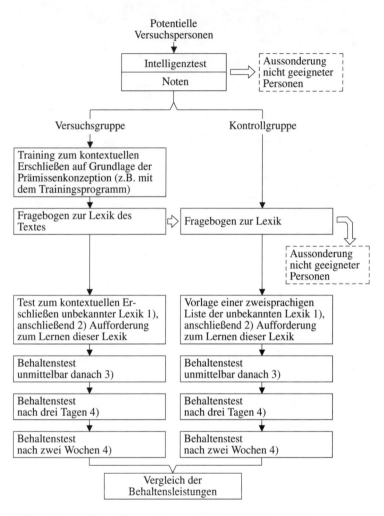

1) Versuchs- und Kontrollgruppe lernt natürlich die gleiche Lexik.
2) unmittelbar anschließend, wobei nach der Aufforderung zum Lernen den Versuchspersonen Text bzw. Liste noch die gleiche Zeit vorliegt.
3) nach Abnahme des Textes bzw. der Liste
4) Lexik steht den Versuchspersonen zu Hause nicht zur Verfügung; die weiteren Behaltenstests wurden nicht angekündigt

Als Variante könnte man noch eine weitere Kontrollgruppe hinzufügen. Diese hat die unbekannte Lexik zwar am Text bearbeitet, wurde aber vorher nicht trainiert.

Literaturverzeichnis

Bleyhl, W., Sprache beim natürlichen Spracherwerb und im Fremdsprachenunterricht oder wo bestehen fundamentale Defizite des Fremdsprachenunterrichtes. *Materialien des 11. Fremdsprachendidaktikerkongresses in Tübingen*, 1987, S. 443 ff.

Butzkamm, W., *Psycholinguistik des Fremdsprachenunterrichtes*. Tübingen: Francke, 1989.

Clauss, G. & Ebner, H., *Grundlagen der Statistik für Psychologen, Pädagogen und Soziologen*. Berlin 1968.

Esser, U. & Nowak, U., *Verbesserung der Lexiklernleistung durch effektivere Nutzung und durch Training von Lernstrategien*. Unveröffentlichter Arbeitsbericht. Universität Leipzig, Herder-Institut, 1985.

Freudenstein, R., Über praxisnahe Theorie und theorieferne Praxis. In Bausch, K.R., Christ, H., Hüllen, W. & Krumm, H.-J. (Hg.), *Fortschritt und Fortschritte im Fremdsprachenunterricht*, Tübingen: Gunter Narr, 1988.

Groeben, N. & Vorderer, P., *Leserpsychologie: Lesemotivation und Lektürewirkung*. Münster: Aschendorff, 1988.

Günther, K. & Autorenkollektiv, *Wege zu erfolgreicher Fremdsprachenaneignung*. Berlin: Volk und Wissen, 1986.

Hacker, W., Vorwort. In Rühle, R. *Kognitives Training in der Industrie*. Berlin. Verlag der Wissenschaften, 1988.

Hörmann, H., *Meinen und Verstehen*. Frankfurt/Main, Suhrkamp, 1978.

Keil, W., Einfach kompliziert – Probleme der Instruktion und Assistenz. In Groeben, N., Keil, W. & Piontkowski, U. (Hg.), *Zukunfts–Gestalt–Wunsch–Psychologie*. Münster: Aschendorff, 1988.

Klix, F., Über Wissensrepräsentation im menschlichen Gedächtnis. In Klix, F. (Hg.), *Gedächtnis, Wissen, Wissensnutzung*. Berlin: Verlag der Wissenschaften, 1984.

Klix, F., Kognitive Psychologie: Woher, wohin, wozu? *Psychologie für die Praxis*, 1989, Ergänzungsheft, 27–45.

Lohse, H., Ludwig, R. & Röhr, M., *Statistische Verfahren für Psychologen, Pädagogen und Soziologen*. Berlin: Volk und Wissen, 1986.

Manthey, F., Kriterien für das Erschließen unbekannter lexikalischer Einheiten aus dem Kontext und Probleme der Rezipierbarkeit beim (stillen) Lesen. *Deutsch als Fremdsprache*, 1976, 4, 220–227.

Matz, K.-D. & Röhr, G., Kognitive Aspekte der Lernbarkeit kontextualen Erschließens. *Deutsch als Fremdsprache*, 1988, 2, 88-92.

Matz, K.-D., Teschmer, J. & Weise, G., Angewandte Fremdsprachenpsycholgie und ihr Beitrag für die Effektivierung des Lernens und Lehrens von Fremdsprachen. *Deutsch als Fremdsprache*. 1988, 4, 224–229.

Röhr, G., *Die Erschließung der Bedeutung unbekannter lexikalischer Einheiten aus dem sprachlichen Kontext*. Unveröffentlichter Arbeitsbericht, Universität Leipzig, Herder-Institut, 1989.

Röhr, G., Bedeutungserschließung aus dem Kontext – Lehren, Lernen und Trainieren. *Deutsch als Fremdsprache*, 1991, 4, 226–232.

Rühle, R., *Kognitives Training in der Industrie*. Berlin: Verlag der Wissenschaften, 1988.

Rüppel & Rüschstroer, GIN und CHIPS – ein prozeßorientiertes Cirriculum zur Ausbildung der produktiven Intelligenz. *Berichte aus dem psychologischen Institut der Universität Bonn*, Heft 4, 1984.

Schnotz, W. Elementaristische und holistische Theorieansätze zum Textverstehen. *Forschungsberichte des Deutschen Instituts für Fernstudien der Universität Tübingen*, Heft 35, 1985.

Quellenverzeichnis

Bahlmann, C., Gerighausen, J., Meese, H. & Schmidt, R., *Deutsch aktiv 3, Ein Lehrwerk für Erwachsene, Materialien für die Mittelstufe, Arbeitsbuch zu Teil 1 und 2*, Berlin, München, Wien, Zürich, New York: Langenscheidt, 1989, 31, 32.
(Quelle: „Gewebe/Gewand/Leib" aus: G. Wahrig (Hg.), dtv-Wörterbuch der deutschen Sprache, © Deutscher Taschenbuch Verlag, München 1978, 1986).
Drosdowski, G., Bibliographisches Institut (Hg.), *Duden – Das große Wörterbuch der deutschen Sprache* (6 Bde.), Mannheim / Wien / Zürich: Duden, 1976.
Edelhoff, Ch., Funk, H., Gerighausen, J., Neuner, G., Scherling, Th., Schmidt, R. & Wilms, H., *Deutsch aktiv 3, Ein Lehrwerk für Erwachsene, Materialien für die Mittelstufe, Teil 1*, Berlin, München, Wien, Zürich, New York: Langenscheidt, 1984 (1989), 18–20.
(Quelle: Des Kaisers neue Kleider, aus: Hans Christian Andersen, neue Übersetzung von Werner Wolf, Skandinavisk Bogforlag, Odense)
van Eunen, K., Gerighausen, J., Neuner, G., Scherling, Th., Schmidt, R. & Wilms, H., *Deutsch aktiv neu, Ein Lehrwerk für Erwachsene, Grundstufe in zwei Bänden, Lehrbuch GS 2, Kapitel 13–24*, Berlin, München, Wien, Zürich, New York: Langenscheidt, 1990, 53.
van Eunen, K., Gerighausen, J., Neuner, G., Scherling, Th., Schmidt, R. & Wilms, H., *Deutsch aktiv neu, Ein Lehrwerk für Erwachsene, Grundstufe in zwei Bänden, Arbeitsbuch GS 2, Kapitel 13–24*, Berlin, München, Wien, Zürich, New York: Langenscheidt, 1990, 43.
(Quelle: dpa Hamburg, Karl R. Pogarell „Warum nicht deutsch?" aus „Die Zeit" vom 24. 4. 87)
Funk, H., Gerighausen, J., Neuner, G., Scherling, Th., Schmidt, R. & Wilms, H., *Deutsch aktiv 3, Ein Lehrwerk für Erwachsene, Materialien für die Mittelstufe, Teil 2*, Berlin, München, Wien, Zürich, New York: Langenscheidt, 1986, 60.
(Quelle: A.S. Macpherson. Deutsches Leben, GINN & Co., Ltd., London)
Griesbach, H., *Deutsch mit Erfolg 2, Ein Lehrprogramm für Erwachsene, Lehrbuch für Fortgeschrittene*, Berlin, München, Wien, Zürich, New York: Langenscheidt, 1984 (1989), 19.
Karl-Marx-Universität Leipzig, Herder-Institut. *Deutsch komplex Mathematik*. Leipzig: Enzyklopädie, 1981.
Neuner, G., Scherling, Th., Schmidt, R. & Wilms, H., *Deutsch aktiv neu, Ein Lehrwerk für Erwachsene, Lehrbuch 1 B*, Berlin, München, Zürich, New York. Langenscheidt, 1992, 119.
Wotjak, G. & Herrmann, U., *Kleines Wörterbuch der ‚falschen Freunde' Deutsch-Spanisch, Spanisch-Deutsch*. Leipzig: Enzyklopädie, 1984

Sachverzeichnis